河南大学经济学
学术文库

河南大学经济学学术文库

内生消费、消费行为和消费增长

基于前景理论的分析

ENDOGENOUS CONSUMPTION, CONSUMER BEHAVIOR AND CONSUMPTION GROWTH
——BASED ON PROSPECT THEORY

侯文杰 著

社会科学文献出版社
SOCIAL SCIENCES ACADEMIC PRESS (CHINA)

总序

河南大学经济学科自1927年诞生以来,至今已有将近90年的历史了。一代一代的经济学人在此耕耘、收获。中国共产党早期领导人罗章龙、著名经济学家关梦觉等都在此留下了他们的足迹。

新中国成立前夕,曾留学日本的著名老一辈《资本论》研究专家周守正教授从香港辗转来到河南大学,成为新中国河南大学经济学科发展的奠基人。1978年,我国恢复研究生培养制度以后,周先生率先在政治经济学专业招收培养硕士研究生,河南大学于1981年首批获得该专业的硕士学位授予权。1979年,河南大学成立了全国第一个专门的《资本论》研究室。1985年以后,又组建了河南大学历史上的第一个经济研究所,恢复和组建了财经系、经济系、贸易系和改革与发展研究院,并在此基础上成立了经济学院。目前,该学院已发展成拥有经济、贸易、财政、金融、保险、统计6个本科专业,理论、应用、统计3个一级学科博士点及博士后流动站,20多个二级学科硕士、博士点,3300余名本、硕、博各类全日制在校生以及130余名教职员工的教学研究机构。30多年来,河南大学经济学院培养了大批本科生和硕士、博士研究生及博士后出站人员,并且为政府、企业和社会培训了大批专门人才。他们分布在全国各地,服务于大学、企业、政府等各种机构,为国家的经济发展、社会进步、学术繁荣做出了或正在做出自己的贡献,其中也不乏造诣颇深的经济学家。

在培养和输出大量人才的同时,河南大学经济学科自身也造就了一支日益成熟的学术队伍。近年来,一批50岁左右的学者凭借其扎实的学术功底和丰厚的知识积累已进入著述的高峰期;一批40岁左右的学者以其良好的现代经济学素养开始脱颖而出，显现领导学术潮流的志向和实力；更有一大批30岁左右受过系统经济学教育的年轻人正蓄势待发，不少已崭露头角，初步展现了河南大学经济学科的巨大潜力和光辉未来。

河南大学经济学科组织出版相关学术著作始自世纪交替之际，2000年前后，时任经济学院院长的许兴亚教授曾主持编辑出版了数十本学术专著，在国内学术界产生了一定的影响，也对河南大学经济学科的发展起到了促进作用。

为了进一步展示河南大学经济学科各层次、各领域学者的研究成果，更为了使这些成果与更多的读者见面，以便有机会得到读者尤其是同行专家的批评，促进河南大学经济学学术研究水平的不断提升，为繁荣和发展中国的经济学理论、推动中国的经济发展和社会进步做出更多的贡献，我们决定出版"河南大学经济学学术文库"。根据初步拟订的计划，该丛书将分年度连续出版，每年选择若干河南大学经济学院教师的精品著述资助出版。根据需要，也可在丛书中选入少量客座教授或短期研究人员的相关论著。

感谢社会科学文献出版社历任领导及负责该丛书编辑出版工作的相关部门负责人和各位编辑，是他们对经济学学术事业的满腔热情和高效率的工作，使本套丛书的出版计划得以尽快达成并付诸实施。最后，还要感谢前后具体负责组织本丛书著作遴选和出版联络工作的刘东勋博士、高保中博士，他们以严谨的科学精神和不辞劳苦的工作回报了大家对他们的信任。

分年度出版经济学学术文库系列丛书，对我们来说是第一次，如何公平和科学地选择著述品种，从而保证著述的质量，还需要在实践中进行探索。此外，由于选编机制的不完善和作者水平的限制，选入丛书的著述难免会存在这样那样的问题，恳请广大读者及同行专家批评指正。

耿明斋

2013年6月

摘 要

持久收入/生命周期理论源于对"库兹涅茨之谜"的解释,长期内平均消费倾向不变是其模型设计的理论前提,而我国面临的最大问题恰恰是平均消费倾向不断下降,西方消费理论的前提假定在我国不成立。本研究的写作目的是通过引入损失规避行为,建立一个能够分析不同收入层次居民消费行为的分段线性消费函数,从消费行为的视角寻找导致我国居民消费倾向不断下降的原因,为促进我国居民消费内生增加提出建议。本研究主要内容可分为以下三部分。

第一,通过给出内生消费的定义,分析内生消费和消费行为的关系,然后回顾新古典消费理论对内生消费问题的研究脉络。要增强我国经济增长的内生动力,只能依靠内生投资和内生消费的推动。内生消费指在现有经济系统内,不依靠外部的刺激与推动,仅仅依赖各参与主体自发的决策行为,居民愿意且能够消费的量。内生消费的增加是由消费者行为模式改变导致的消费增加,其直接反映就是消费倾向的增加,平均消费倾向由自发消费倾向和边际消费倾向两部分组成。美国等西方发达国家主要面临储蓄不足的问题,在持久收入/生命周期理论中,持久收入被定义为某人一生财富的年金价值,消费者一生效用最大化的条件为当期消费等于持久收入,因此持久收入的消费倾向为1,这样就失去了进一步研究消费倾向的理论基础。同时，主流消费理论在研究中采用了代表性消费者假设，假定消费者是完全同质的，完全忽略了不同收入层次居民消费行为的巨大差异，也未能考虑不同类型支出和收入对消费者决策行为的影响。在边际消费倾向的估计上，主流消费理论也未区分截面数据和时序数据的不同，由于在长期内存在导致边际消费倾向不断变动的因素，采用时间序列数据得到的边际消费倾向为一段时间内的平均值，采用截面数据才能估得最准确的边际消费倾向。

第二，通过引入行为经济学中的前景理论，分析损失规避对消费行为的影响，结合迪顿等人关于分段线性消费函数的研究结论，建立具有损失规避特征的消费函数。前景理论认为，人们对价值的感受不是财富或福利的最终状态，而是其改变，面对损失时价值函数是凸的，面对收益时价值函数是凹的，而且损失区域比收益区域陡峭，即人们是损失规避的。在简要介绍前景理论的基础上，本研究回顾了行为消费理论，对内生消费进行了研究。行为生命周期理论重新讨论了边际消费倾向问题，认为不同心理账户具有不同的边际消费倾向，而且不同心理账户内的资金无法自由转换，消费者通过事先设定的约束机制将一部分资金转入消费倾向低的心理账户以实现自我控制。鲍温等人提出的包含损失规避的消费函数，在最优化分析框架下证明了消费行为的两阶段性，分析了参考点对消费行为的影响，由此引出了不同类型支出对消费行为的影响。塞勒在心理账户研究中也指出，消费者会进行消费归类，通过把不同支出编入不同的预算，作为自我控制的机制以平衡各类支出之间的竞争。在此基础上，本研究建立了包含损失规避的分段线性消费函数，并采用山东省居民住户调查微观数据和全国城乡住户调查分层数据验证了消费行为的两阶段性，两方面的数据都支持了本研究的结论。在消费决策中，保障最低生活标准的刚性支出被单独列出，消费者从收入中拿出部分资金放入独立账户，用于满足最低生活标准的支出，不到不得已的时候就不会降低生活标准以压缩这部分资金。

第三，以分段线性消费函数分析我国居民的消费行为，通过实证分析参考点和边际消费倾向变动的影响因素。在分段线性消费函数下，居民收入低于参考点时，边际消费倾向为1，而收入中超过参考点部分的边际消费倾向远小于1，因此补贴收入处于参考点以下的居民能够有效扩大消费需求。通过分析我国城镇居民消费行为的损失规避特征，本研究发现未来支出增加或收入下降等导致未来生活水平降低的因素都会改变居民的消费行为模式。1988~1998年，城镇居民的边际消费倾向几乎呈现直线下降的态势，十年间共下降了25个点；从制度变迁过程看，在1992年以后，我国进行了迅速的市场化改革，除了居民收入继续增加外，医疗、教育、住房、就业和养老等方面的改革逐步展开，传统的社会保障制度开始解体。社会变革和社会保障的缺位造成的心理冲击，是导致居民储蓄大量增加、边际消费倾向不断下降的主要原因。通过基于时间序列数据的实证，本研究发现参考点与未来风险都会影响边际消费倾向的变动，参考点上升和收入不确定性增强都会导致边际消费倾向下降。住房、医疗、教育等刚性支出是影响参考点变动的最主要因素，这其中又以住房的影响最为典型。因此，应该开征垄断税，通过宏观调控手段从企业部门转移部分收入直接用于社会保障体系建设，这可以同时起到减小收入差距和扩大消费的双重作用。

关键词：内生消费 消费行为 损失规避 边际消费倾向 分段线性消费函数

Abstract

As the Permanent Income/Life Cycle Theory stemmed from explaining the "Kuznets Puzzle", their theoretical premise is that the average propensity to consume (APC) is unchanged in long-term. But the biggest problem of our country is that the APC has been decreasing. Therefore the assumption of neoclassical consumption theory does not be adequate for our country. The purpose of this paper is to establish a consumption function to analyze the consumer behavior of different income levels, through the introduction of loss aversion behavior, and interpret the declining of APC from consumer behavior. We give some suggestions for increasing the endogenous consumption of Chinese residents. This paper is composed by three parts.

First, we analyze the relationship between endogenous consumption and consumer behavior through the definition of endogenous consumption, and then review the neoclassical theory about endogenous consumption. Endogenous investment and consumption play an important role in achieving endogenous growth of our economy. The so-called endogenous consumption means that in the existing economic system, consumption depends only on the spontaneous participation residents are willing and able to consume, while not depends on external stimulation. The increased consumption results from the change of consumption patterns, and the direct reflection of the increase is the changes of the average propensity to consume which is composed by the spontaneous consumption and the marginal propensity to consume two parts. The problem United States and other Western countries mainly face is insufficient savings, and in Permanent Income/Life Cycle Theory, the permanent income is defined as a lifetime annuity value of wealth, and the condition consumers maximize utility is current consumption equals permanent income. Since permanent income of marginal propensity to consume is 1, we lose the theoretical basis for the further research on marginal propensity to consume. Mainstream consumer theory assume consumers are homogeneous in the study, which completely ignores the behavioral diversity among different income levels, but also fails to consider effects different types of expenditure and income have on consumer decision-making behavior. Because there are factors affecting marginal propensity to consume in the long run, the marginal propensity to consume using time-series data is average for the period of time, while is estimated accurately with cross-section data.

Second, we introduce prospect theory of behavioral economics to analysis the effect that loss aversion has on consumer behavior. Combined with Deaton and others' research on the piecewise linear consumption function, we establish a consumption function with the features of loss aversion. Prospect theory tells us that the value people feel is not the final state but its changes of wealth or welfare. The function is convex for loss and concave for gain, and, in addition the region of loss is steeper than the area of gain, which is loss aversion. After a brief introduction of prospect theory, we recall the behavior consumption theory about endogenous consumption. Behavioral Life Cycle Theory rediscusses issue of the marginal propensity to consume, and finds that the marginal propensity to consume is different for different mental accounts, and the money within different mental accounts can not be freely converted. Consumers achieve self-control by pre-setting mechanism in which a part of money will be put into a account with low propensity to consume. Bowman et al. give a consumption function including loss aversion, prove that consumer behavior is two stages under the framework of the optimal analysis, analyze effects that reference point has on consumer behavior, and, hence different types of expenditure lead to different consumption behavior. Thaler also pointed out in psychological account research that consumption will be classified into different expenditure budget, so as to achieve self-control mechanism to balance the competition among various types of expenditures. Based on this, we establish a piecewise linear consumption function with loss aversion, and test it using the household survey in Shandong Province and national data. The conclusion is the datas support our point. In the consumer decision-making, expenditures ensuring a minimum standard of living are separated and taken into a separate account. Generally, consumers will not lower their living standards.

Third, we use piecewise linear consumption function to analyze consumer behavior of resident, and demonstrate the factors impacting reference point and the marginal propensity to consume. In the piecewise linear consumption function, the marginal propensity to consume is 1 when income is below the reference point, while the marginal propensity to consume is far less than 1 when income exceeds reference point. So it is effective to give subsidies to those residents below the reference point for expanding consumer needs. After analyzing the loss aversion of consumer behavior of urban residents, we find the factors that lead to lower future living standards, such as increased expenditure or reduced income in the future, will change consumer behavior. The marginal propensity to consume of urban residents falling by 25 points is almost linear downward trend from 1988 to 1998. From the view of institutional change process, China conducts rapid market-oriented reforms after 1992, the reform of health, education, housing, employment and pensions launched progressively, except increased income, and the traditiongal social security system disintegrated. As a result of society changes and the absence of social security causing psychological impact, household savings substantial increase, which is the main reason for the marginal propensity to consume. Based on empirical study with time-series data, we find both reference point and the future risk will negatively affect the marginal propensity to consume. The expenditures in housing, medical care and education affect significantly the reference point, especially the first factor. Therefore, it should introduce monopoly tax, by which revenue can be shifted from the corporate sector to the social security system, meanwhile it can narrow the income gap as well as expand consumption.

Key Words: Endogenous Consumption; Consumer Behavior; Loss Aversion; Marginal Propensity to Consume; Piecewise Linear Consumption Function

目 录

第一章 引言 … 1
第一节 选题背景 … 1
第二节 关于中国居民消费行为影响因素的文献回顾 … 7
第三节 主要内容与各章安排 … 20

第二章 主流消费理论中的内生消费 … 26
第一节 内生消费和消费倾向 … 27
第二节 绝对收入消费函数与内生消费 … 32
第三节 新古典消费理论与内生消费 … 37
第四节 边际消费倾向的估计方法 … 48
第五节 以微观截面数据估计边际消费倾向时的离群值问题 … 52
第六节 本章小结 … 59

第三章 行为消费理论和内生消费 … 61
第一节 前景理论的基本内容 … 62
第二节 损失规避的表现、定义和度量 … 70
第三节 行为消费理论对内生消费的研究 … 82

第四节　参考点和消费习惯……………………………………… 98
   第五节　本章小结………………………………………………… 104

第四章　损失规避与消费函数的两阶段性……………………………… 106
   第一节　具有损失规避的消费函数……………………………… 107
   第二节　基于我国数据的实证——分段线性消费函数………… 117
   第三节　政策效果分析——收入分配…………………………… 123
   第四节　参考点变动的福利分析………………………………… 133
   第五节　本章小结………………………………………………… 141

第五章　中国居民消费行为和消费内生增长…………………………… 143
   第一节　中国消费者行为模式的变化过程……………………… 144
   第二节　中国居民损失规避行为的实证………………………… 149
   第三节　参考点变动对边际消费倾向的影响…………………… 154
   第四节　风险对边际消费倾向的影响…………………………… 161
   第五节　影响参考点变动的因素………………………………… 166
   第六节　本章小结………………………………………………… 171

第六章　总结……………………………………………………………… 174
   第一节　结论……………………………………………………… 175
   第二节　创新点、尚存在的问题和进一步研究的方向………… 188

参考文献…………………………………………………………………… 192

后　记……………………………………………………………………… 206

第一章 引言

第一节 选题背景

在国际金融危机的大背景下,中国经济一枝独秀,保持了快速增长的强劲态势,媒体与部分学者也称中国目前已步入"后危机"时代。然而从数据看,我国经济中的结构不合理问题不仅没有得到缓解,反而出现了更严重的偏斜。2010年1月21日,国家统计局局长马建堂在国务院新闻办公室举行新闻发布会,介绍了我国2009年国民经济运行情况。根据初步测算,2009年国内生产总值为33.53万亿元,按可比价格计算,比上年增长8.7%,增速比上年回落0.9个百分点;全年全社会固定资产投资22.48万亿元,比上年增长30.1%;全年社会消费品零售总额12.53万亿元,比上年增长15.5%;全社会固定资产投资占国内生产总值的比重达67.04%,而且固定资产投资比消费品零售总额的增长速度快了15.5个百分点。纵观我国经济发展的历史,仅有三个时期资本形成总额占国民生产总值的比重(也就是资本形成率)超过40%:第一个是1959年,资本形成率为42.83%,随后就经历了一个较长的紧缩过程;第二个是1993年,资本形成率为42.60%,此后我国进行了为期三年的"软着陆";第三个就是2003年以后,从2003年资本形成率达41%开始,到2008年已上升至43.54%,根据获得的数据计算,2009年的资本形成率为47.2%。从前两次的经验看,只要资本形成率超过40%,我国政府就会采用果断措施,实施紧缩的宏观经济政策,然而此次资本形成率已连续七年处于40%以上,但是从整体上看,经济并未显著过热,政府也未采取严厉的紧缩政策。这说明我国经济已经渐渐适应了这种主要依靠投资拉动经济增长的发展模式,修正投资过大的内在机制正逐步丧失。

对投资的过度依赖有可能造成经济的剧烈波动,也导致了能源、交通和主要原材料供应的全面紧张,同时大规模的集中投资也造成了投资效率低下,资源浪费严重。伴随经济结构的不断改变,投资、消费、出口作为拉动经济增长的三驾马车,对我国经济增长的贡献率也在逐渐发生变化。1981~1990年,最终消费对经济增长的平均贡献率为61.9%;1991~2000年,其平均值则下降为56.6%;2001~2008年的平均值更进一步下降到了41.4%。对应这三个时段,资本形成对经济增长贡献率的平均值分别为28.6%、36.1%、47.8%,两者对经济增长的拉动能力几乎发生了对调。对经济增长做出重大贡献的出口正面临严重危机,以美国为首的西方国家不断挑起贸易争端,通过各种渠道威逼我国政府减少贸易顺差。《纽约时报》等美国媒体也不断制造舆论,呼吁对中国施加压力。2010年3月17日,该报发表社论,称:"一个对付中国的办法是给IMF施压,让其宣称中国违规操纵了汇率,比起美国人的批评,IMF的决定会让中国更难拒绝。美国应该动员欧盟、韩国、印度等,公开宣传人民币贬值给它们造成的伤害。"海关总署公布的数据显示,2010年3月,我国出现了72.4亿美元的贸易逆差,终止了自2004年5月开始连续70个月的贸易顺差。面对出口的严峻形势,增加消费需求就显得更为迫切。消费需求不足，特别是居民消费需求不足问题，已经成为制约我国经济健康发展的一个重要因素。对我国改革开放30年来居民消费行为及其背后动机的演变过程进行描述，找到启动居民消费需求的切入点，正是本研究的写作动机之一。

2010年3月21日，在北京召开的中国发展高层论坛年会上，时任中共中央政治局常委、国务院副总理李克强提出要增强我国经济增长的内生动力，其核心思想就是要转变经济依靠政府主导下的投资与出口或者宏观经济政策的刺激才能快速发展的局面。即使最有效的宏观政策，也只能是促进经济增长的诱导因素，本身并不能构成经济增长的内在动力，只有由经济制度本身决定的消费水平与投资规模，才能最终决定经济增长的长期发展速度，即经济的内生增长主要依赖内生消费和内生投资的推动。这里将内生消费定义为在没有外界刺激时，居民根据内外约束自由决定的消费水平，内生消费的变动意味着平均消费倾向的变动，而平均消费倾向由自发消费和边际消费倾向两部分组成，不同的边际消费倾向对应着不同的消费行为。因此，消费的内生增加需要消费者决策行为的变化。为解决消费需求不足的问题，我国学者运用西方消费理论，对居民消费行为进行了大量研究，然而多数研究的结论并不理想，所得政策建议的可实施性与效果也不令人满意，直接借鉴西方消费理论难以有效解释中国居民消费行为的特征。我国学者对该问题的看法是，西方消费理论所处的社会环境和经济制度与我国相差较大，我国社会正处一个特殊的变革时期，居民面临的内外约束都处于剧烈变动之中，特别是我国平均消费倾向在长期内是递减的，西方消费理论关于平均消费倾向长期不变的前提假定在我国现阶段是不成立的。

西方发达国家长期以来面临的是储蓄不足的问题，如美国的平均消费倾向长期以来保持不变，一直在0.9附近。这就使得处于主流地位的

内生消费、消费行为和消费增长

新古典消费理论将平均消费倾向不变作为其理论前提，完全放弃了对消费倾向的研究。在持久收入/生命周期模型中，持久收入的边际消费倾向一直被认为等于1而不做讨论，由生命周期模型也得出一生收入等于一生消费的结论。从新古典消费理论看，根本不应该也不可能出现消费不足的问题。在分析方法上，新古典消费理论坚持总量分析法，设定所有居民的消费行为是同质的，在研究中采用了"代表性消费者"假设，将社会上不同阶层居民消费行为的差异排除在外。斯多克（Stoker）[①]、迪顿（Deaton）[②]、卡罗尔（Carroll）[③] 等人都曾对这一假定提出批评，由于微观主体具有非线性消费行为，在把微观变量加总为宏观变量时存在"分配效应"问题。如果微观主体的消费与收入关系是非线性的，则加总得到的宏观消费函数的系数就必然不同于微观消费函数的系数。因此，宏观消费函数的形式与系数不仅仅取决于微观消费函数的形式与系数，还取决于社会的收入分配情况。在研究收入分配与消费需求的关系时，由于采用了代表性消费者的假定，只能通过分析同一消费者在不同时期边际消费倾向的变动来验证凯恩斯的边际消费倾向递减规律，但是这种方法无法摆脱参数时变问题的影响，也无法深入社会不同阶层，所得结论并不涉及不同阶层居民消费行为的比较。"库兹涅茨（Kuznets）之谜"[④] 的出现正是这个原因，在收入增加后，收入处于底

[①] Stocker T., "Simple Tests of Distributional Effects on Macroeconomic Equations," *Journal of Political Economy* 4 (1986): 861-883.

[②] 〔美〕安格斯·迪顿：《理解消费》，胡景北、鲁昌译，上海财经大学出版社，2003。

[③] Christopher D. Carroll, "Requiem for the Representative Consumer? Aggregate Implications of Microeconomic Consumption Behavior," *The American Economic Review* 2 (2000): 110–115.

[④] Kuznets S., *National Income, a Summary of Findings*, NBER working paper, 1946.

层的穷人可能依然处于社会底层，收入在几十年的时间内增加数倍，可能并不涉及居民在收入分配中地位的改变，即不是由穷人转变为富人的问题。长期平均消费倾向的稳定，只能说明社会上的居民作为一个整体其消费选择行为的稳定性。只有通过分析同一时期不同收入层次消费者的边际消费倾向分布情况，才能比较居民收入在收入分配中的位置发生变化时的边际消费倾向变动。实质上，只有弄清楚居民在社会中收入位置变动时消费行为的变动，才能真正了解收入分配对总消费的影响。本研究的另一个重要目的就是研究影响我国居民平均消费倾向的因素，从根源上分析长期以来困扰我国经济中消费不足的问题，建立经济内生增长的良性机制。

作为新古典消费理论基础的理性预期持久收入/生命周期理论一直受到各个方面的挑战。从实证层面看，基于霍尔线性欧拉方程的检验显示，滞后的收入与财富变化可以预测消费的变化，即消费存在"过度敏感性"（excess sensitivity），虽然新古典消费理论随后提出了预防性储蓄假说、流动性约束假说、λ假说等理论，用以修补理性预期持久收入/生命周期理论，但是依然难以解释社会上拥有较多财产的消费者的消费行为，更难以解释社会上绝大多数储蓄属于高收入阶层而不属于低收入阶层的事实。从理论层面看，随着阿莱（Allais）[①]、萨缪尔森（Samuelson）[②]等人发现的一系列违反期望效用理论的案例，作为传统的期望效用理论基石的偏好完备性公理、传递性公理都已不再成立，如果这两大公理不能成立，那么新古典的"理性人"定义就会被推翻，

[①] Allais, M., and Hagen, O., *The Expected Utility Hypothesis and the Allais Paradox* (Dordrecht: Reidel, 1979).

[②] Samuelson, P., "Risk and Uncertainty: A Fallacy of Large Numbers," *Scientia* 98 (1963): 108–113.

内生消费、消费行为和消费增长

传统的期望效用理论也将无法成立。① 基于传统期望效用理论的理性预期持久收入/生命周期理论必然无法准确描述行为人的决策过程。

作为新古典经济学最新发展前沿的行为经济学,将人们决策行为中的心理因素纳入新古典分析范式,大大提高了其适用范围和解释能力。1979年,卡尼曼和特维尔斯基(Kahneman and Tversky)通过对风险条件下个体选择行为的研究,发现了如确定性效应(certainty effect)、孤立效应(isolation effect)、反射效应(reflection effect)等一系列不符合期望效用理论原则的现象,② 提出了前景理论(prospect theory),以修正期望效用理论的缺陷,进而建立了行为经济学的分析框架。国外学者借鉴行为经济学的原理与方法研究了消费问题,1985年,塞勒(Thaler)③ 正式提出心理账户(mental accounting)理论,系统地分析了心理账户对个体消费行为和消费决策的影响。随后,塞勒和谢弗林(shefrin)提出了行为生命周期理论,④ 鲍温(Bowman)、莱因哈特和罗宾(Minehart and Rabin)提出了带有损失规避行为的消费函数,⑤ 较好地弥补了新古典消费理论中对内生消费研究的缺失。近些年,我国学者在介绍、吸收国外最新行为消费理论研究成果方面做了大量的工作,也有部分学者应

---

① Kahneman, D., and Tversky A., "Prospect Theory: An Analysis of Decision Under Risk," *Econometrica* 47 (1979): 263-291.

② Kahneman, D., and Tversky A., "Prospect Theory: An Analysis of Decision Under Risk," *Econometrica* 47 (1979): 263-291.

③ Thaler R. H., "Mental Accounting and Consumer Choice," *Marketing Science* 3 (1985): 199-214.

④ Shefrin H. M., and Thaler R. H., "The Behavioral Life-cycle Hypothesis," *Economy Inquiry* 26 (1988): 609-643.

⑤ Bowman, D., D. Minehart, and M. Rabin, "Loss Aversion in a Consumption-savings Model," *Journal of Economic Behavior Organization* 2 (1999): 155-178.

用其中一些理论分析了中国居民的消费行为。① 本研究将在梳理现有文献的基础上，进一步提出具有损失规避的消费函数，详细分析影响我国居民消费行为的因素。

第二节　关于中国居民消费行为影响因素的文献回顾

对居民消费行为影响因素的研究方法可以大致分为经验归纳和理论演绎两类。所谓经验归纳法，就是试验性地给出决定消费行为的有关变量，然后运用计量方法估计出各解释变量的系数，并对估计结果进行统计检验，根据检验结果增加或删除一些变量，直至得出令人满意的结果；理论演绎法是从某种理论框架出发，同时加入中国的制度性特点，推导出相应的理论结果，然后再使用现实数据对这些结果进行验证。从消费理论的发展过程看，根据对居民消费行为的假定，可以将消费者分为短视型消费者、后顾型消费者、前瞻型消费者、有远见的追求最优化的消费者四种类型，② 对消费的主要影响因素也经历了绝对收入、相对收入、持久收入、一生收入（或者称财富）、未来风险等几个阶段。我国学者大致从以下几个方面研究了影响居民消费行为的因素。

一　对我国消费行为模式的判断

国内学者对我国消费者行为模式进行了大量研究，试图得出符合中国国情的理论模型，以确定影响我国消费者的主要因素，比较有代表性

---

① 孙凤、丁文斌：《中国消费者的头脑账户分析》，《统计研究》2005年第2期。
② 臧旭恒：《中国消费函数分析》，上海三联书店、上海人民出版社，1994。

的有下面几类方法：一类是在西方主流消费理论的框架内，判断我国居民消费行为符合哪一类消费理论；另一类认为西方消费理论无法说明中国消费者的行为特征，进而根据我国居民消费行为自身特点而自行设计消费理论。

1. 王于渐方法——数据拟合法

最早分析各种消费函数理论在我国适用性的当属王于渐，[①] 其方法是直接使用数据拟合不同的消费函数，通过拟合结果判断哪一种消费函数更适合我国的实际情况。在《中国消费函数的估计与阐释》中，王于渐使用1952~1985年的总量时间序列数据、1983年和1984年的省际截面数据、1981~1985年省际农民家庭调查数据，分别验证了绝对收入函数、持久收入/生命周期函数、随机游走理论。结论是：绝对收入函数、持久收入/生命周期函数均能拟合我国的数据，而随机游走理论在中国不被证实。

实际上这一方法未能找到最适合我国消费者的消费函数，王于渐在文章结尾一段也指出："随意采用特定的计量方法来估计经济关系是可能有误导性的，除非能根据经济理论来指引实证研究，否则要阐释公式中的意义就会遇到相当的困难。"臧旭恒认为"没有以对中国消费者行为的外部环境和内在设定的分析为基础"是该方法失败的根本原因。[②]

2. 臧旭恒方法——消费者行为假设与数据拟合相结合

臧旭恒以消费者行为假设为消费函数研究的基础，在详细分析消费

[①] 王于渐：《中国消费函数的估计与阐释》，于景元等主编《中国经济改革与发展之研究》，商务印书馆，1990。

[②] 臧旭恒：《中国消费函数分析》，上海三联书店、上海人民出版社，1994。

者行为的外部环境和内在设定的基础上,确立典型的行为特征,随后选择和建立消费函数的理论模型,并采用我国数据进行验证。[①] 消费行为的外部环境所包含的因素有消费选择自由、价格充分弹性、预算约束、没有流动约束、存在不确定性五个方面;对行为主体的内在设定包含的因素有理性主体、追求效用最大化、规避风险、时间偏好四个方面。通过两大方面九种因素的比较,臧旭恒认为1978年以前我国消费者适用凯恩斯消费函数,1978年以后适用持久收入/生命周期消费函数,理性预期消费函数对中国的可应用性较小。随后采用分阶段和分城乡构造模型的方法,首先使用1978年以前的数据验证了凯恩斯消费函数对城乡居民的适用性,其次使用1978年以后的数据验证了持久收入/生命周期消费函数对中国城乡居民的适用性。

由于我国数据可以同时拟合凯恩斯消费函数和持久收入/生命周期消费函数,实质上其结果仅依赖于最初的理论分析,外部环境和内在设定是决定消费者究竟服从哪一类消费函数的主要因素,而对外部环境与内在设定的直接证明又存在较大难度,这就使得其结论有一定的主观性。同时,限于当时对消费理论的研究状况,臧旭恒对随机游走理论的替代与修正尚未完成,虽然通过揭示消费的过度敏感和过渡平滑发现了随机游走理论的不足,但是对西方消费理论内在逻辑问题的认识还不够深入。

3. 余永定、李军、叶海云等人根据我国实际情况自行设计的消费函数

国内学者对我国居民消费行为特点的共同认识是,中国居民并不是以一生时间为跨度来寻求效用最大化的,其消费支出安排具有

[①] 臧旭恒:《中国消费函数分析》,上海三联书店、上海人民出版社,1994。

显著的阶段性，在生命的不同阶段存在特定的消费高峰以及相应的储蓄目标。同时，由于资本市场不完善、消费信贷不发达、经济市场化程度低、制度转轨过程中不确定性强等因素，我国消费者是短视的。因此，余永定和李军[①]以及叶海云[②]等人根据我国实际情况自行设计了若干理论模型，建立了基于短视行为的消费函数模型，这些模型虽然可以较好地描述我国居民消费的短视行为，但是依然无法解释我国居民消费倾向不断降低、城乡及不同收入层次居民消费率差异过大等问题。而且其理论仅针对居民消费行为的某一类特点，使得其适用性太过狭窄，当社会环境、经济制度发生改变时，这些理论的适用性也就随之大大降低了。

西方消费理论在库兹涅茨研究结论的基础上，即在平均消费倾向长期保持不变的前提下，建立了一系列假说。然而在最近20年，我国居民消费行为的典型特征是平均消费倾向不断下降，这一理论前提的不同从根本上导致了主流的西方消费函数理论无法解释我国居民的消费行为。

二 收入对消费行为的影响

由于几乎所有消费函数理论将收入作为影响消费最重要的因素，我国学者主要从实证方面验证收入与消费的密切关系，从采用的计量方法上看，这一类研究大体可以分为三个阶段：第一阶段，国内学者主要通过相关分析、最小二乘回归等方法进行研究，较具代表性的成果包括厉

[①] 余永定、李军：《中国居民消费函数的理论与验证》，《中国社会科学》2000年第1期。

[②] 叶海云：《试论流动性约束、短视行为与我国消费需求疲软的关系》，《经济研究》2000年第11期。

以宁①、李子奈②、臧旭恒③等人的研究。这一时期的理论缺陷是没有考虑时间序列的非平稳性，如果两个序列都非平稳并且不存在协整关系，就会存在伪回归问题。第二阶段，人们开始采用协整和误差修正模型处理非平稳时间序列，从而较为有效地解决了伪回归问题。这一时期的成果主要是秦朵④、孙凤和易丹辉⑤、杭斌和申春兰⑥、田青⑦、张继海和臧旭恒⑧等人的研究。张继海和臧旭恒利用1978～2003年时间序列数据对中国城镇居民的收入和消费进行了协整分析，发现城镇居民家庭实际收入和实际消费之间存在长期协整关系，而且当期收入和长期均衡都对居民的消费具有较强制约作用。⑨ 田青利用1985～2006年城镇居民按收入分七层的收入和消费数据实证了收入与消费的关系，以协整和误差修正模型检验了不同收入阶层消费与收入的关系，其结果也表明，消费与收入之间具有协整关系。⑩ 考虑到我国改革开放以来的巨大

---

① 厉以宁：《中国宏观经济的实证分析》，北京大学出版社，1992。
② 李子奈：《计量经济学——方法和应用》，清华大学出版社，1992。
③ 臧旭恒：《中国消费函数分析》，上海三联书店、上海人民出版社，1994。
④ 秦朵：《居民消费与收入关系的总量研究》，《经济研究》1990年第7期。
⑤ 孙凤、易丹辉：《中国城镇居民收入消费的协整性及误差修正模式》，《统计研究》1999年第S1期。
⑥ 杭斌、申春兰：《经济转型中消费与收入的长期均衡关系和短期动态关系——中国城镇居民消费行为的实证分析》，《管理世界》2004年第5期。
⑦ 田青：《我国城镇居民收入与消费关系的协整检验——基于不同收入阶层的实证分析》，《消费经济》2008年第3期。
⑧ 张继海、臧旭恒：《中国城镇居民收入和消费的协整分析》，《消费经济》2005年第2期。
⑨ 张继海、臧旭恒：《中国城镇居民收入和消费的协整分析》，《消费经济》2005年第2期。
⑩ 田青：《我国城镇居民收入与消费关系的协整检验——基于不同收入阶层的实证分析》，《消费经济》2008年第3期。

变化，以时间序列为基础的研究仅能从 1978 年开始，这样就存在样本太小的问题，从而大大影响了检验结果的可靠性。第三阶段，以面板协整为基础的研究逐渐成为主流，这样既克服了样本量小的问题，也解决了伪回归问题。李敬强和徐会奇利用各省份 1997~2006 年的面板数据分析了不同收入来源对农村居民消费支出的影响。结果表明，农村居民的不同收入来源对消费支出的拉动力存在显著差异，工资性收入对消费支出的拉动力超过家庭经营收入，财产性收入对消费支出的影响不显著，而转移性收入具有较强的乘数效应。[1] 苏良军、何一峰、金赛男还分析了我国不同省份的暂时收入对消费的影响，他们设计了一种新的方法度量暂时收入，用当期收入对人均 GDP 进行回归，把通过回归方程估计得到的收入作为持久收入，把残差作为暂时收入。其实证的结果表明，就整体而言，暂时收入对消费的影响非常显著，但是不同省份之间暂时收入对消费的影响力差距很大。[2]

由于增加收入对促进消费的作用是显而易见的，而关于如何增加居民收入的研究又超出了消费理论的范围，消费理论的研究重点在于分析收入既定时影响消费的因素，探究如何提高消费在居民收入中的份额，下面介绍我国学者对消费倾向影响因素的研究。

三 对消费倾向的影响因素

作为对消费需求最具影响力的因素，收入的重要性已经获得人们的一致认可，然而剔除收入外，或者说当收入固定不变时，影响消费的其

---

[1] 李敬强、徐会奇：《收入来源与农村居民消费：基于面板数据的结论与启示》，《经济经纬》2009 年第 6 期。

[2] 苏良军、何一峰、金赛男：《中国城乡居民消费与收入关系的面板数据协整研究》，《世界经济》2006 年第 5 期。

他因素则需要通过分析对消费倾向的影响来寻找。处于主流地位的新古典消费理论认为持久收入的边际消费倾向等于1，对边际消费倾向的研究一直未能受到重视，影响边际消费倾向变动的因素也基本依靠研究者的直觉判断来确定，既缺乏严密的理论体系，也没有充分的实证分析。

除收入以外，影响消费倾向的因素很多，如社会保障的状况、信贷市场的完善程度、流动性约束的强度，以及由制度、宗教、习俗等因素决定的习惯和偏好。在收入处于同一水平的不同社会中，边际消费倾向的差别很大，如美国的消费倾向就高于多数发达国家和发展中国家；① 美国白人的消费倾向普遍高于黑人，而城市居民的消费倾向也高于农村居民。② 关于收入影响消费倾向的问题，则存在比较大的争议，凯恩斯曾提出边际消费倾向递减规律，认为随着收入增加会出现边际消费倾向递减，然而许多经济学家的研究证明，边际消费倾向递减规律并不具有普遍适用性。

我国学者对边际消费倾向影响因素的研究，基本以描述性分析为主，主要从制度、习惯、传统、社会保障等方面给出直觉判断。刘建国从三个方面分析了我国农村居民消费倾向偏低的原因：第一，制度因素，如土地制度改革不彻底、分配制度不合理、政府干预过多等，都加剧了农户收入预期的不稳定性，使得农户消费倾向严重偏低；第二，城乡差别因素，如基础设施落后、义务教育水平低、社会保障不健全等；第三，文化传统因素，农民具有很深的家族意识，为子女建房是农户储蓄的主要动机。要通过改变农户消费的外部环境和条件，增强未来收入的稳定性，提高其消费倾向。③ 骆祚炎、刘朝晖认为未来收入和支出的

---

① 世界银行：《1997年世界发展报告》，《2020年的中国：新世纪的发展挑战》，中国财政经济出版社，1997。
② 〔美〕吉利斯等：《发展经济学》，中国人民大学出版社，1998。
③ 刘建国：《我国农户消费倾向偏低的原因分析》，《经济研究》1999年第3期。

不确定性变强、财产性收入比重过低、城乡收入差距太大等是导致我国居民边际消费倾向偏低的主要原因。采用时间序列数据仅能在一段时间内得到一个边际消费倾向的值，难以进行趋势变动情况的分析，这种估计方法上的问题进一步增加了研究中的困难。① 谢子远等运用变参数模型估计了农村居民边际消费倾向的时序变化，发现改革开放以来，我国农村居民的边际消费倾向变化经历了一个开始低，随后上升，然后下降的复杂过程，并从制度变迁、收入变动和理性预期等方面解释了其演变的原因。②

四 风险对内生消费的影响

我国学者主要在预防性储蓄的框架内研究风险对消费的影响，其方法大体上可以分为两类：一类是以储蓄或消费为被解释变量，以风险为解释变量，通过模型检验风险与储蓄或消费行为之间的关系，如宋铮、万广华等、郭英彤等、陈学斌等、刘兆博等。宋铮以城镇居民收入的标准差为衡量未来收入不确定程度的指标，以城镇居民储蓄水平为被解释变量，建立回归模型，发现未来收入不确定性的增强会导致储蓄增加。③ 万广华等运用农户调查资料分析了流动性约束和不确定性对储蓄的影响，也发现两者都会导致居民储蓄增加。④ 郭英彤、张屹山利用

---

① 骆祚炎、刘朝晖：《中国居民消费倾向变动及其影响因素的实证分析》，《消费经济》2005年第3期。
② 谢子远、王合军、杨义群：《农村居民消费倾向的变参数估计及其演化机理分析》，《数量经济技术经济研究》2007年第5期。
③ 宋铮：《中国居民储蓄行为研究》，《金融研究》1999年第6期。
④ 万广华、史清华、唐素梅：《转型经济中农户储蓄行为：中国农村的实证研究》，《中国农业经济评论》2003年第2期。

1995~2000年我国29个省份的面板数据，检验了我国居民的教育、医疗、住房开支与储蓄的相关性，发现我国居民储蓄深受预防性动机的影响，且居民储蓄的主要目的就是为了满足教育、医疗两项消费开支。[①] 陈学彬、杨凌、方松在对我国居民消费储蓄行为进行研究时发现，随着就业体制、收入分配体制和社会保障体制的改革，居民收入的不确定性上升和风险意识增强，预防性储蓄增加。[②] 刘兆博等利用卡罗来纳人口中心在中国进行的"中国健康与营养调查"（China Health and Nutrition Survey, CHNS）数据，分析了农村居民家庭储蓄的影响因素，发现不确定性、持久收入和教育负担三个因素都会影响农民的预防性储蓄。[③] 上述研究的结论都肯定了风险对居民储蓄的影响，然而其共同的缺陷是未能对风险水平与消费倾向进行因果验证，也就无法解释近年来我国居民消费倾向的下降在多大程度上源于不确定性的增强。

另一类学者通过估计消费者谨慎系数研究预防性储蓄，根据戴南（Dynan）[④] 提出的方法，利用泰勒级数的二阶展开估计消费者谨慎系数，以此推断未来风险对消费行为的影响，如龙志和与周明浩、施建淮等、杜海韬和邓翔、罗楚亮、易行健等，以及戴南等人，但是对相对谨慎系数的估计结果存在非常大的差距。龙志和、周明浩利用戴南提出的模型估计了城镇居民的相对谨慎系数 [相对谨慎系数的定义为：$\rho = -C_{it}$

[①] 郭英彤、张屹山：《预防动机对居民储蓄的影响——应用平行数据模型的实证分析》，《数量经济技术经济研究》2004年第6期。

[②] 陈学彬、杨凌、方松：《货币政策效应的微观基础研究——我国居民消费储蓄行为的实证分析》，《复旦学报（社会科学版）》2005年第1期。

[③] 刘兆博、马树才：《基于微观面板数据的中国农民预防性储蓄研究》，《世界经济》2007年第2期。

[④] Karen E. Dynan, "How Prudent are Consumers?" *Journal of Political Economy* 6 (1993): 1104–1113.

(U'''/U'')〕，得出 1991～1998 年我国城镇居民的相对谨慎系数为 5.08。① 施建淮等利用我国 35 个大中城市 1999～2003 年的月度数据，估计得到的居民相对谨慎系数仅为 0.878。② 杜海韬、邓翔利用我国城镇和农村居民 1978～2002 年的时间序列数据，估计得到的农村居民相对谨慎系数为 10.51，城镇居民相对谨慎系数为 15.28。③ 罗楚亮利用 2002 年中国社会科学院经济研究所收入分配课题组对农村居民做的住户调查数据，估计得出受灾农户的相对谨慎系数为 0.132，而未受灾农户的相对谨慎系数仅为 0.088。④ 易行健等选择中国农村居民 1992～2006 年的分省份面板数据，以五年移动平均的方法，分别估计了东、中、西部不同时期的相对谨慎系数，结论是，在最初的 1993～1997 年西部最高，为 6.382，中部最低，为 3.718；此后虽逐步增加，但差距不断缩小，到 2002～2006 年，东中西部已基本持平，都在 7.5 附近。从被广泛使用的常数相对风险规避效用函数（CRRA），即 $U = (1-\gamma)^{-1}C^{1-\gamma}$ 看，相对谨慎系数 $\rho = 1 + \gamma$。⑤ 戴南认为 γ 的取值范围一般是 1～4，因此 ρ 的值应该在 2～5，而我国学者的估计结果均与此结论有一定差距。⑥

---

① 龙志和、周浩明：《中国城镇居民预防性储蓄实证研究》，《经济研究》2000 年第 11 期。

② 施建淮、朱海婷：《中国城市居民预防性储蓄及预防性动机强度：1999～2003》，《经济研究》2004 年第 10 期。

③ 杜海韬、邓翔：《流动性约束和不确定性状态下的预防性储蓄研究——中国城乡居民的消费特征分析》，《经济学（季刊）》2005 年第 2 期。

④ 罗楚亮：《预防性动机与消费风险分散——农村居民消费行为的经验分析》，《中国农村经济》2006 年第 4 期。

⑤ 易行健、王俊海、易君健：《预防性储蓄动机强度的时序变化与地区差异》，《经济研究》2008 年第 2 期。

⑥ Karen E. Dynan, "How Prudent are Consumers?" *Journal of Political Economy* 6 (1993): 1104–1113.

根据国家统计局 2002 年城市家庭财产调查的结果，储蓄最多的 20% 的高收入家庭拥有城镇全部人民币储蓄总量的 64.8% 和全部外币储蓄总量的 89.1%，而储蓄最少的 20% 的低收入家庭这一比例分别仅为 1.2% 和 0.2%。从理论上讲，低收入居民应该具有更强的谨慎性动机和流动性约束，其储蓄也应该更多，而高收入居民则应该具有较低的谨慎性动机，可见仅用谨慎动机或者未来的不确定性无法解释我国居民的消费行为。

五　制度与心理因素对内生消费的影响

1. 制度

以市场经济为制度背景的西方消费理论设定居民消费倾向长期不变，然而 20 世纪 70 年代以后，更为猛烈的经济周期波动和不稳定的宏观环境使得居民消费倾向不断发生变动，外生不确定性对消费者的影响越来越大，主流消费理论只讨论内生化的研究越来越远离现实。将外部的不确定性纳入消费者决策模式，利用外生因素可以更好地解释消费倾向的变动。

制度变迁是我国经济转型期居民消费行为模式演变的内在动因。当住房、医疗、教育、就业、养老等社会保障全面市场化以后，外部制度变迁的不确定性就被纳入了居民消费行为。从传统的外生消费行为模式向市场经济体制下内生消费模式的转变，体现了我国居民承担未来市场风险的积极反应。1994 年确立的建立市场经济模式的目标，从根本上奠定了我国居民行为规范的制度基础，尽管居民还面临制度变迁风险，但居民的收入、消费内生决定模式已经形成。[①] 1992 年后的福利制度解

---

① 张平：《消费者行为的统计检验、制度解释和宏观效果分析》，《经济研究》1997 年第 2 期。

体导致了风险规避的内生化,人们必须通过调整收支结构把跨时消费与储蓄的最优均衡纳入决策范围,调整收入在消费与储蓄之间的比例。居民预期到福利制度改革带来的制度风险是长期的,价格改革作为1988年的制度变革,引起了居民的抢购,消费倾向也大幅度提高;进入20世纪90年代以后,尽管价格上涨很快,但消费者已经认识到通货膨胀不是经济体制改革的方向,不可能长期化,因此消费倾向没有相应上升。而消费者认识到福利制度解体是经济体制改革的方向,其影响是长期的,这引起了储蓄倾向提高。

黄少安、孙涛考虑了社会习俗、道德习惯和家庭伦理等非正规制度对消费行为的影响,认为东方文化中具有注重财富的代际转移和重身份地位而轻钱物两种传统,如父母对成年子女的无偿资助(结婚、购房)和子女对父母的赡养。他们在效用函数中引入了财富存量和收入转移,以此解释我国的高储蓄率现象。城市居民受到制度变迁的影响,消费行为模式变化很大,20世纪80年代,为购买耐用消费品而进行的储蓄迅速减少,作为对教育制度改革所带来风险的回应,为子女教育进行的储蓄迅速增加,同时为养老而进行的储蓄和为了获取利息而进行的储蓄都快速增加,储蓄已经不仅是延期的消费,而且是一种长期投资项目,具有财富上的意义;作为对房改的反应,居民购房也迅速上升。农村居民虽然受到了不同制度变迁的影响,但是其行为特征也表现了从短期规划到长期谋划的转向,集中表现为为建房而进行的储蓄减少、养老储蓄意愿增强,为获取利息而进行的储蓄也迅速上升。[①]

2. 心理因素

居民心理账户分为当前消费账户和保障预防性账户两类,居民心理

---

① 黄少安、孙涛:《非正规制度、消费模式和代际交叠模型》,《经济研究》2005年第4期。

账户的结构是决定消费支出的主要因素，当前消费账户的消费倾向较高，保障预防性账户的消费倾向较低。经济环境的不确定性越强，在保障预防性账户中的资金就越多。经济环境的不确定程度通过影响消费者心理账户结构而决定居民消费额度。由于在改革进程中出现制度结构失衡，居民心理账户的结构发生了相应变化，这是制约我国消费增长的根本原因。① 孙凤等运用行为生命周期理论分析了中国消费者的自控与心理账户，将居民总资产分为当期收入账户、财产账户和未来账户三类，其中，当期收入账户又分为经常性收入账户和暂时性收入账户两类；财产账户又分为积累账户、投资账户、计划账户、预防账户四类。每个账户都有不同的消费倾向，通过实证发现性别、社会阶层、受教育程度、就业状况、对生活的满意度等因素都会影响消费者的心理账户。②

孔东民把对收入变化的预期作为参考点，将收入的实际变动分为"优于预期"和"劣于预期"两类时期，由此构造了一个可检验的计量模型，利用 GMM 和 OLS 两种检验方法对我国城镇居民进行了分析。其结果支持前景理论假设而拒绝了短视行为和流动性约束，在收入增加比预期差的年份，居民消费倾向要普遍低于收入增加好于预期的年份，我国城镇居民消费行为具有明显的损失规避特征，而且我国城镇居民中并不存在明显的短视行为和即期的流动性约束。③ 艾春荣等运用我国 1995~2005 年省际动态面板数据实证了习惯偏好下居民消费的过度敏感性，发现无论是城镇居民还是农村居民，其消费变动都呈现了对预期

---

① 贺京同、霍焰:《心理会计、公共福利保障与居民消费》,《财经研究》2007 年第 12 期。
② 孙凤、丁文斌:《中国消费者的头脑账户分析》,《统计研究》2005 年第 2 期。
③ 孔东民:《前景理论、流动性约束与消费行为的不对称——以我国城镇居民为例》,《数量经济技术经济研究》2005 年第 4 期。

收入变动的过度敏感性,而且城镇居民总消费变动的敏感性显著高于农村居民,城镇居民非耐用消费品支出变动的收入敏感系数低于农村。过度敏感性表现了比较明显的非对称模式,城镇样本关于消费变动的估计支持"损失厌恶"理论,而农村样本则支持了流动性约束或短视假说。[1] 李凌等采用1991~2006年省际面板数据,测算了中国城乡居民消费的过度敏感性,其结论是,城镇居民的消费过度敏感性高于农村居民,城镇居民非耐用品支出的消费过度敏感性低于农村居民。城镇居民的消费变动紧跟收入变动,表现了消费对收入过度敏感的对称形式,参数估计支持"短视行为"假说;而农村居民的消费变动则表现了消费对收入过度敏感的非对称形式,参数估计支持"损失厌恶情绪"假说。[2]

第三节 主要内容与各章安排

由于美国等西方发达国家主要面临储蓄不足的问题,主流消费理论以库兹涅茨发现的长期平均消费倾向不变为研究起点,完全放弃了对消费倾向变动问题的研究。而我国居民的平均消费倾向一直处于不断下降的过程中,西方主流消费理论的理论前提在我国是不存在的,借鉴西方消费理论研究中国问题时存在诸多困难。因此,本研究以反映内生消费的消费倾向为研究核心,在回顾西方主流消费理论研究脉络的基础上,结合行为经济学的损失规避理论,从西方主流消费理论的问题与不足出

---

[1] 艾春荣、汪伟:《习惯偏好下的中国居民消费的过度敏感性:基于1995~2005年省际动态面板数据的分析》,《数量经济技术经济研究》2008年第11期。

[2] 李凌、王翔:《中国城乡居民消费过度敏感性的理论分析和实证检验》,《经济科学》2009年第6期。

发，通过修正其前提假定和研究方法，建立了一个能够分析不同收入层次居民消费行为的短期消费函数，以此分析我国居民消费行为的特征及影响因素，从消费行为的影响因素寻找导致我国居民消费倾向不断下降的原因，为有效启动我国居民消费提供政策建议。

第二章首先给出内生消费的定义，随后回顾凯恩斯消费函数和新古典消费函数对消费倾向问题的研究。要增强我国经济增长的内生动力，只能依靠内生消费和内生投资的推动。内生消费指在现有经济系统内，不依靠外部的刺激与推动，仅仅依赖各参与主体自发的决策行为，居民愿意且能够消费的量。内生消费的增加或者消费的内生增长是在同等收入下居民愿意消费更多，其直接反映就是平均消费倾向的提高，影响居民消费倾向的因素也就是促进消费内生增加的因素。从凯恩斯消费函数看，平均消费倾向由边际消费倾向和自发消费两部分组成，平均消费倾向受到收入变动的影响，只要收入增加，就一定对应着平均消费倾向的减小，而边际消费倾向与收入变动之间不存在内在的必然联系。因此，边际消费倾向可以更准确地代表消费者行为模式，而平均消费倾向无法准确反映消费者行为模式的改变。凯恩斯给出了一个模糊不清的边际消费倾向概念，并未明确指出收入变动是否涉及收入地位的改变。而固定社会上其他人的收入，仅一个人的收入增加和社会上所有人按相同比例同时增加收入产生的影响是截然不同的，两种类型的收入增加也就对应着两种类型的边际消费倾向。由于长期内存在导致边际消费倾向不断变动的因素，采用时间序列数据得到的边际消费倾向为一段时期内的平均值。只有采用截面数据才能估计得到最准确的短期边际消费倾向，同时，本研究还讨论了在采用微观截面数据估计不同收入层次居民的边际消费倾向时，离群值对估计结果的影响。

持久收入/生命周期理论起源于对"库兹涅茨之谜"的解释，长期

内生消费、消费行为和消费增长

平均消费倾向不变是其模型设计的理论前提，而我国当前面临的最大问题恰恰是平均消费倾向的不断下降。在持久收入/生命周期理论中，持久收入被定义为一生财富的年金价值，消费者一生效用最大化的条件为当期消费等于持久收入，此时持久收入的边际消费倾向为1，这样也就失去了进一步研究边际消费倾向的理论基础。同时，为了能够具有"理性的标准模型"，西方消费理论采用了总量分析法，放弃了结构分析；为追求模型的微观基础而采用代表性消费者假设，假定消费者是完全同质的，完全忽略了不同收入层次居民消费行为的巨大差异，也未能考虑不同类型支出和收入对消费者决策过程的影响。基于此，我们在第三章引入了行为经济学中的前景理论，重点分析了损失规避对决策行为的影响。在前景理论中，人们对价值的感受不是财富或福利的最终状态，而是其改变，人们通过价值函数评价每个被编辑过的前景，面对收益时价值函数是凹的，面对损失时价值函数是凸的，且损失区域比收益区域的值函数陡峭。前景理论把人们的选择过程分成了两个阶段：编辑阶段和评价阶段。在编辑阶段，人们将给定前景的表述简单化；在评价阶段，决策者通过价值函数和决策权重函数对每个被编辑过的前景进行评价，选出价值最高的前景。

在前景理论与消费理论结合所形成的行为消费理论中，行为生命周期理论重新讨论了边际消费倾向问题，认为不同心理账户具有不同的边际消费倾向，消费者通过财富在不同心理账户之间的转移实现对消费支出的自我控制。对心理账户的研究主要从三个方面展开：一是人们如何感知和评价各种经济事务的结果以及怎样做出决策；二是人们如何把经济行为分配到各个具体、细微的心理账户中；三是人们对心理账户进行检查和评估的频率。以心理账户为基础的行为生命周期理论认为，消费者具有双重偏好，一个关注短期，倾向于尽可能多地进行眼前消费；另一个关注长期，追求一生效用最大化，愿意牺牲眼前消费，为以后的消费进行储蓄。前一种偏好者被称为行动者，后一种偏好者被称为计划者，行为者都想及时行乐，尽可能多地享受眼前的消费而不考虑未来的消费；计划者关心未来消费，尽力通过自我控制，以意志力来抵抗当前消费的诱惑。而不同的心理账户具有不同的边际消费倾向，而且不同心理账户内的资金无法自由转换，消费者正是通过事先设定的约束机制将一部分资金转入消费倾向低的心理账户以实现自我控制的。具有损失规避意识的消费函数分析了参考点对消费行为的影响，在最优化分析框架下证明了消费行为的两阶段性，从而为区分平均消费倾向和边际消费倾向建立了坚实的理论基础。

在《就业、利息和货币通论》中，凯恩斯仅凭直觉认为："满足人们及其家庭的现行基本生活需要通常比积累具有更强的动机。只有在达到一定的舒适程度以后，积累的动机才会较强。"然而，在消费决策中，是否当收入超过某一特定水平后才开始储蓄？这一特定水平究竟如何决定？这些问题一直缺乏理论上的系统研究。鲍温等人提出了具有损失规避意识的消费函数，分析了当消费者仅有两期生命时的消费决策过程，在最优化的分析框架下证明了消费行为的两阶段性，发现不同类型的支出在人们决策过程中的作用是不同的。当存在收入不确定时，具有损失规避意识的消费者会尽力避免当期消费低于参考点水平。当平均每期收入高于参考点时，不确定性增加会导致储蓄增加；当平均每期收入低于参考点时，不确定性增加会导致储蓄减少。鲍温等人在分析中将消费习惯作为损失规避参考点，也未进一步讨论收入超过参考点部分的消费行为。本研究在第四章进一步拓展了这一分析，结合迪顿等人关于分段线性消费函数的研究结论，建立了基于行为经济学的短期消费函数。由消费者的损失规避行为可知，即使当第一期收入 Y_1 小于参考点时，

内生消费、消费行为和消费增长

消费者也将尽可能增加第一期消费以使一生总效用不断增加，其增加幅度取决于消费者面临的流动性约束状况，但一定不会进行储蓄。本研究采用山东省居民住户调查微观数据和全国城乡住户调查分层数据，验证了消费行为的两阶段性，两方面的数据都支持了本研究的结论。

随后，本研究分析了分段线性消费函数条件下收入分配对总消费的影响，补贴收入处于参考点以下的居民能够有效扩大消费需求，而收入超过参考点的居民，其边际消费倾向远小于1。等量转移支付，参考点以下居民增加的消费为参考点以上居民的两倍，补贴参考点以下居民的政策效果优于补贴参考点以上居民的政策效果。从计算公式上看，自发消费和最低生活成本具有共同的性质，最低生活成本则是消费决策要首先扣除的量，它们和参考点的区别在于两者估计时所采用的数据区间不同。在此基础上，第五章实证分析了我国居民边际消费倾向的变动过程和影响因素。1988～1998年的十年间，城镇居民的边际消费倾向几乎呈现直线下降的态势，从1988年的0.86下降到1998年的0.61，十年间共下降了25个点。从外部经济制度变迁过程看，1992年以后，我国进行了迅速的市场化改革，医疗、教育、住房、就业和养老等方面的改革逐步展开，传统的社会保障制度开始解体。从居民储蓄动机看，1992年以后储蓄中预防性动机逐渐增强，我国城镇居民1997年生活状况调查公布的居民储蓄动机数据显示，排在第一位的是子女教育，处于第二位的是应付疾病及意外急用。综合三种现象，由社会变革和社会保障的缺位造成的心理冲击，是导致居民大量进行预防性储蓄、使得边际消费倾向不断下降的根本原因。由于农村居民一直没有受到强烈的制度变迁冲击，其边际消费倾向一直稳定在0.50左右，2005年出现了轻微降低，随后又恢复到原有水平。

通过证实我国城镇居民消费行为的损失规避特征，本研究发现未来支出增加或收入下降等导致未来生活水平降低的因素都会使得居民消费行为模式发生改变。在第四章理论模型的基础上，本研究以时间序列数据分析了参考点变动和未来风险对边际消费倾向的影响，发现参考点与未来风险都会影响其变动，参考点会增加居民未来支出的预期，而收入的不确定性增强会增加预防性储蓄，两者都会造成边际消费倾向下降。住房、医疗、教育等刚性支出是影响参考点变动的最主要因素，这其中又以住房的影响最为典型，高房价将购房者的大量收入转移到垄断部门手中，进一步加剧了收入的分配不公，压缩了低收入者其他商品的购买能力。因此，应该开征垄断税，通过宏观调控手段从企业部门转移部分收入直接用于社会保障体系建设，可以同时起到减小收入差距和扩大消费的双重作用。

第二章　主流消费理论中的内生消费

当前影响我国经济健康运行的主要问题是消费不足和投资过多，2009年社会消费品零售总额仅占国内生产总值的37.37%，而全社会固定资产投资占国内生产总值的比重达到了67.04%。同时，出口正面临日益严重的贸易争端，贸易顺差不断下降，2010年3月还出现了逆差。2010年3月21日，在北京召开的中国发展高层论坛年会上，李克强提出要增强经济增长的内生动力，其核心思想就是要转变我国依靠政府主导下的投资或者宏观经济政策的刺激实现经济快速发展的局面。经济增长的内生动力源于内生消费与内生投资。本研究将没有外力干扰时经济系统自身决定的消费作为内生消费，与此相对应的，将由宏观政策、外部环境等外来冲击而产生的消费作为外生消费。消费的内生增加需要人们在相同收入下选择更多的消费，也就是消费倾向的提高，消费倾向的变动意味着人们约束条件及消费决策的改变，对消费倾向的影响实质上是对人们消费行为的影响。因此，在弄清消费者行为影响因素的基础上，进一步实证各种因素对消费倾向的影响力，唯此才能为促进消费内生增长提供有效的政策建议。

长期以来，困扰英美等西方发达国家的主要问题是储蓄不足，其宏观经济政策更多的是防止经济出现滞胀，早已放弃对如何增加消费需求的研究。尽管在相同的收入水平上，不同国家和地区居民消费倾向存在巨大差异，然而在持久收入/生命周期理论中，当期消费等于当期持久收入，持久收入的边际消费倾向被认为等于1而不做讨论，对消费倾向的研究长期被排斥在主流消费理论之外。从绝对收入、相对收入到持久收入和一生财富，虽然消费函数理论不断发展，但自始至终仅收入被作为影响消费需求的第一变量。在评价消费函数理论时，熊彼特说："以过去一直在进行的、现在仍在进行的消费函数的研究为例，没有一个当之无愧的理论家会接受这样的假设，即消费支出仅仅与收入有关。……我们是否应稳健一点，把收入以外的自变量考虑进去呢？"① 虽然收入对消费有重要的影响，但是收入以外的因素对消费的影响也是不容忽视的，因此，本章将通过回顾对消费倾向的研究，建立消费行为与内生消费之间的联系，为后面的分析提供理论基础。

第一节 内生消费和消费倾向

自凯恩斯提出有效需求不足理论以来，各国政府利用宏观经济政策对经济运行进行了大量干预，在短期内也取得了巨大成功。然而20世纪70年代西方发达国家出现滞胀以来，卢卡斯、巴罗、萨金特等理性预期学派的代表人物开始对大量使用宏观经济政策进行了严厉抨击，认为宏观经济政策无法改变经济的长期发展速度和路径，在长期内是无效的，只有在经济系统不存在任何外力干涉而自由运转时，其就业水平、发展速度才是可以持久的。任何外生的政策冲击都会因为人们调整理性

---

① 〔美〕熊彼特：《经济分析史》，朱泱等译，商务印书馆，1991。

内生消费、消费行为和消费增长

预期而变得无效，经济增长的内生动力源于内生消费和内生投资。国内学者对内生消费问题的论述散见于网络报刊、学术期刊、会议发言等处，其称谓也比较随意，如"内生消费""内生型消费""居民消费内生动力""消费内生增长""消费内生性增长"等，① 既没有严格的定义，也缺乏系统分析，其内涵更是差异巨大，下面首先讨论内生消费的内涵，随后再分析其影响因素。

一 内生消费的概念

由于学术界对内生消费尚无严格定义，我们借鉴经济内生增长的定义来讨论内生消费的内涵。谈及内生问题，需要首先区分内生性（endogeneity）与内生增长（endogenous growth）这两个概念，虽然名称类似，但它们在内涵上存在很大差异，"内生性"一词源于经济模型，而内生增长源于经济增长理论。

内生性与外生性指在经济模型或经济计量模型中变量的性质，内生与外生之间的正式区分是由考尔斯委员会（The Cowles Commission）在估计联立经济关系这一开创性的工作中特别强调的，其对内生性给出的定义是："在随机模型中，一个外生变量是这样一种变量，它在每个时期的值与模型中所有随机扰动项的值在所有时期上都是统计独立的。"②

内生增长理论是由罗默、卢卡斯、巴罗等人提出来的新经济增长理论，其核心思想是经济能够不依赖外力推动而实现持续增长。自亚当·

---

① 郑必清：《论促进消费内生性增长》，《广东商学院学报》2006 年第 5 期。
② 〔英〕约翰·伊特韦尔等编《新帕尔格雷夫经济学大辞典》，陈岱孙主编译，经济科学出版社，1992。

斯密以来，经济学界围绕驱动经济增长的因素进行了长期争论，最终形成的较为一致的观点是，在一个相当长的时期里，一国经济增长主要取决于以下三个要素：（1）随时间的推移，生产性资源的积累；（2）在技术知识既定的情况下，现有资源的使用效率；（3）技术进步。[①] 新古典增长理论采用以劳动和物质资本为自变量的柯布-道格拉斯函数建立了增长模型，把技术进步作为外生因素来解释经济增长，得到了由于要素收益递减，长期经济增长将会停止的结论。然而，内生增长理论认为，长期增长率可以由内生因素来解释，即在劳动投入过程中存在有正规教育、培训、在职学习等形式的人力资本积累，在物质资本投入过程中包含了由研发、发明、创新等活动而形成的技术和物质资本积累，从而将技术进步内生化，得到了因为技术进步使要素收益递增而使长期增长率为正的结论。

借鉴内生增长概念的内涵，下面来定义内生消费：在现有经济系统内，不依靠外部的刺激与推动，仅仅依赖各参与主体自发的决策行为即居民愿意且能够消费的量。内生消费的增加或者说消费的内生增长，是指由现有消费者行为模式改变而导致的消费增加。依靠扩大投资、增加收入等短期经济刺激政策（而非经济制度环境和经济主体行为模式改变）所增加的消费为外生消费，如我国采取的"家电下乡"和发放消费券等手段所增加的消费需求。

由上述定义可知，内生消费是居民在既定收入下的消费，其增加取决于居民消费倾向的提高，因此，这里主要分析在居民收入既定时使得消费增加的因素，或者说引起消费倾向改变的因素。平均消费倾向由自

[①] Vito Tanzi, and Howell H. Zee, "Fiscal Policy and Long-run Growth," *Staff Papers*, International Monetary Fund, Vol. 44, No. 2, Jun., 1997: 179-209.

发消费和边际消费倾向两部分组成，边际消费倾向的改变依赖居民消费行为模式的改变，导致居民消费行为模式发生改变的因素和影响自发消费改变的因素都是影响居民内生消费的因素。

二 消费行为与消费倾向

1. 平均消费倾向和消费率

不同学者对消费率和消费倾向常不加以区别地混用，其实两者的内涵差别很大。对平均消费倾向的定义是清楚而无争议的，即当期消费与收入的比值。对消费率的定义则存在较大差异，如范剑平、向书坚定义消费率为"居民消费需求占国内生产总值的比重"；[①] 金勇进将居民消费率定义为"一定时期内居民货币支出在货币收入中的比率"。[②] 通过两种定义计算得到的结果差别也非常大，据此进行分析得到的结论也会大相径庭。考虑到GDP与居民可支配收入[③]存在相当大的差距，特别是我国2007年居民可支配收入仅占GDP的46.9%，而居民只能在自己的可支配收入范围内决定消费与储蓄的比例。为了有助于从居民行为的角度分析问题，本研究以居民消费支出除以GDP得到的消费率为居民消费率，以居民消费支出与居民可支配收入之比为平均消费倾向，从图2-1可以看出，居民消费率最高为1983年的50.8%，随后逐渐下降到了2007年的34.5%；平均消费倾向在20世纪80年代为接近90%，1998年以后降到了75%附近。

---

① 范剑平、向书坚：《我国城乡人口二元社会结构对居民消费率的影响》，《管理世界》1999年第5期。
② 金勇进：《我国居民消费率的研究》，《统计研究》1987年第6期。
③ 《中国统计年鉴》中农村居民可支配收入采用了农村居民纯收入这一指标。

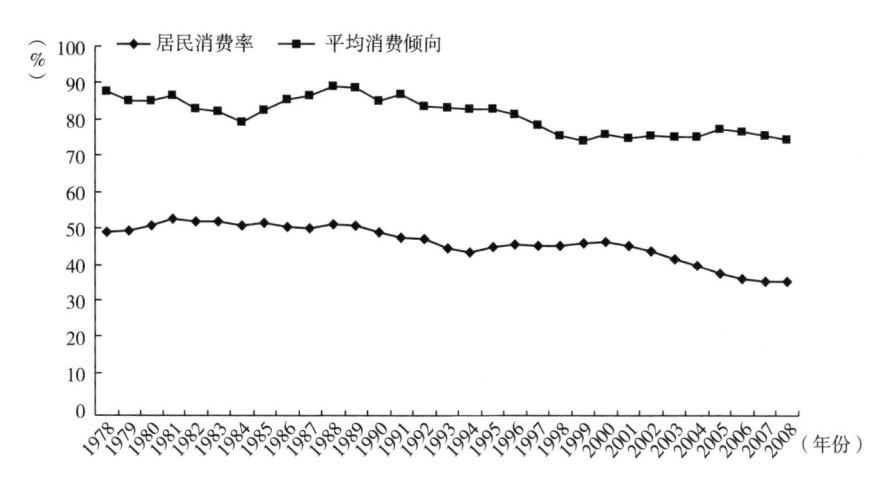

图 2-1 居民消费率和平均消费倾向对比

资料来源：《中国统计年鉴》，由抽样调查得到的人民生活数据推算。

2. 平均消费倾向和边际消费倾向

在凯恩斯的分析中，其并未明确区分平均消费倾向与边际消费倾向的概念，《就业、利息和货币通论》在第八章、第九章通过对消费倾向的影响讨论各种主客观因素对消费行为的影响，仅仅在第十章进行乘数分析时才引入了边际消费倾向的概念，实际上这两个概念存在相当大的差异。根据斯通（Stone）等人通过实证提出的凯恩斯消费函数的线性形式，平均消费倾向为 $c/y = a/y + b$，边际消费倾向为 $\Delta c/\Delta y = b$，平均消费倾向大于边际消费倾向，两者之差为 a/y，是否存在自发消费是判定边际消费倾向和平均消费倾向是否一致的关键。[1] 但是，在库兹涅茨的长期分析中，平均消费倾向保持不变，长期消费函数的表达式为 $c = ky$，因此可断定在长期，平均消费倾向和边际消费倾向是一致的，即不存在自发消费。随后进行跨期研究的持久收入理论与生命周期理论也都

---

[1] Richard Stone, and W. M. Stone, "The Marginal Propensity to Consume and the Multiplier: A Statistical Investigation," *The Review of Economic Studies* 1 (1938): 1–24.

设定平均消费倾向等于边际消费倾向，两者都回避了自发消费的问题。

从消费者行为的角度分析，自发消费与引致消费对消费决策的影响是截然不同的，如果在消费支出中存在一个与其他支出不同质的自发消费，平均消费倾向和边际消费倾向也就必然代表了两种不同类型的消费行为。在《就业、利息和货币通论》中，凯恩斯根据人的心理规律提出："当实际收入增加时，人们通常会储蓄掉其收入中的较大的比例。"① 其后的学者据此认为边际消费倾向是递减的。实质上，此处并未明确指出收入增加是否涉及收入分配地位的改变，其后对边际消费倾向递减规律的实证也没有区分时间序列数据和截面数据，而且从这一论述中仅能得出平均消费倾向递减的结论，无法得出边际消费倾向递减的结论。即使边际消费倾向不变，随收入增加也会出现平均消费倾向递减。因此，单纯讲消费倾向递减就包含了两层意思：一个是平均消费倾向递减，而边际消费倾向不变；另一个是平均消费倾向与边际消费倾向都是递减的。由此我们可以得出结论，截面上平均消费倾向递减是必然的，而边际消费倾向与收入变动之间不存在内在必然的联系，它可以更准确地代表消费者行为模式；平均消费倾向受到收入变动的影响，收入增加必然对应着平均消费倾向减小，因而无法准确反映消费者行为模式的改变。

第二节　绝对收入消费函数与内生消费

在最初的消费理论中，凯恩斯将其研究背景设定为外部条件不发生

---

① 〔美〕凯恩斯：《就业、利息和货币通论》，高鸿业译，商务印书馆，1999。

变化的短期，收入是唯一的自变量，此时收入与消费之间存在相当稳定的函数关系。由于凯恩斯认为短期内"包括人类本性的心理特点以及那些社会成规和制度"是不变的，所以他并未严格区分短期时数据和截面数据之间的差别。实质上，时序上的收入增加和截面上的收入增加具有完全不同的意义，截面上的收入增加代表了收入地位的改变，是由穷变富的增加；时序上的收入增加是指社会上所有人的收入同比例增加，是社会整体生活水平的提高，不涉及收入地位的改变，而收入地位是否改变对居民消费决策是否改变具有重要的影响。

一　时序消费函数和截面消费函数

时序消费函数意味着对消费的影响因素除了收入以外还有很多其他因素，如利率、制度、习惯、偏好等，这些因素对消费的影响也可以转化为在收入既定时对边际消费倾向的影响。而截面消费函数意味着除收入以外的其他所有因素都不发生变化，即仅收入变动时，收入对消费的影响。

1. 基于时间序列数据的消费函数

库兹涅茨根据 1869~1938 年的资料研究了美国的长期消费函数，以 10 年为一个时期，每次向前移动五年，发现每个时期的平均消费倾向相当稳定，始终处于 0.84~0.89（仅有最后两个时期处于经济大萧条阶段，平均消费倾向分别为 0.94 和 0.99）。由此得出美国的长期消费函数为 $c = k \cdot y$，即长期内边际消费倾向和平均消费倾向相等，而且随着收入的提高，平均消费倾向相当稳定。[1]

---

[1] Simon Kuznets, "Uses of National Income in Peace and War," *National Bureau of Economic Research*, Occasional Paper 6, 1942.

然而这一结论不具有普适性，使用我国 1952~2007 年近 60 年的最终消费和国民收入数据，采用与库兹涅茨相同的方法，以 10 年为一个周期，每次移动 5 年，所得平均消费倾向[①]如图 2-2 所示。

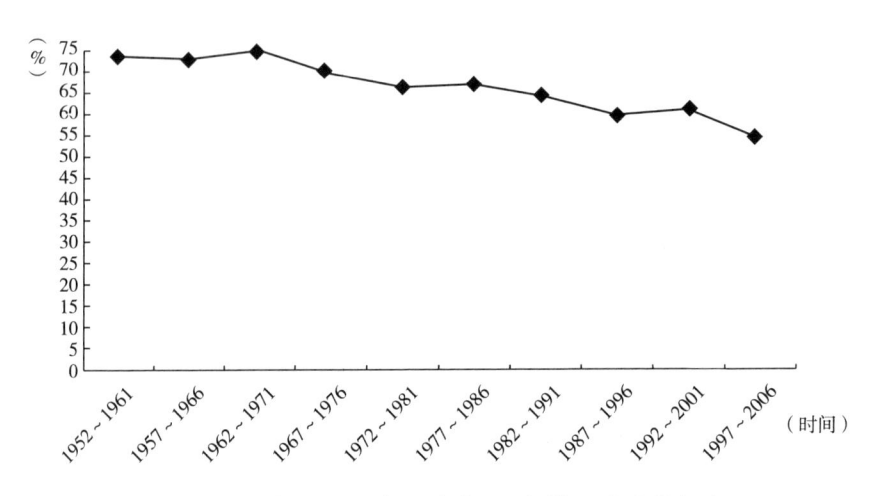

图 2-2　我国 1952 年以来每 10 年的平均消费倾向

可见随着收入增加，平均消费倾向出现了显著下降，库兹涅茨所得结论并不适用于新中国成立以后我国的情况。凯恩斯也曾提出："从历史的角度加以考察或把不同类型的社会制度加以比较的研究中，必须考虑主观条件的改变以何种方式来影响消费倾向。"美国的经济制度经过了几百年的发展与完善，其居民消费行为模式已经比较稳定，即使经历较长时期，依然不会发生剧烈变化，因此呈现了较高的稳定性。而我国自新中国成立以来，特别是改革开放以来，经济体制发生了剧烈变化，居民所面临的内外部约束也发生了很大变化，这导致居民消费行为模式也相应改变，不同时期平均消费倾向也起伏波动。由此可以得出结论：

---

① 严格来讲，这里应该称为消费率，然而为了和库兹涅茨所得结论进行比较，本研究依然称其为平均消费倾向。

在时间序列上，收入增加不是影响消费倾向变动的因素，同样大幅度的收入增长，中美两国平均消费倾向的变动趋势截然不同。导致消费倾向发生变化的真正原因应该是整体经济制度以及居民面临的内外部约束条件发生变化，时间序列消费函数的消费倾向受到诸多因素的影响。

实质上，由于方程参数的不稳定性，使用时间序列数据建立凯恩斯消费函数是不合适的，特别是在我国经济体制变革比较剧烈的时期。由于不同时期消费与收入的比例关系经常发生变动，而导致这种变动的又都是收入以外的影响因素，在只包含消费与收入两个变量的消费函数中，收入外因素导致的参数变动将使消费函数的结构发生相应变动。因此，在使用时间序列数据估计消费函数的参数时，会出现较大的误差。

2. 基于截面数据的消费函数

截面上某一消费者的收入上升，隐含着其他消费者收入不变的假定，即这一类收入上升会导致相应人员在收入分配中地位上升。由截面数据估计得到的消费倾向仅受到收入与财富的影响，因为在同一时刻和同一社会环境下，不同收入层次的居民面临的约束条件基本相同，所不同的仅是收入与财富水平，本研究假设高收入居民也同时具有较高的财富水平，则收入将是其唯一差别。此时，只有建立消费与收入之间的消费函数，才不会有其他相关变量被排除在函数之外，作为消费函数重要参数的边际消费倾向才会保持稳定。

截面数据又可分为微观截面数据和分层截面数据两类。微观截面数据包含了影响单户居民的大量偶然信息，如暂时性收入、耐用消费品购买等冲击，因此在直接采用微观数据估计消费函数时，估计结果较不稳定（下一节将进行详细分析）。在采用分层的截面数据估计消费函数时，由于偶然事件的冲击在各层内经过平均后被稀释，随机因素的影响基本被消除，此时估计的消费函数才是最稳定的。综上可知，截面消费函数的影响因素较为单一，稳定性最强。

二　两种类型收入增加与两种边际消费倾向

对消费者边际消费倾向的定义是单位收入的增加导致的消费增加，此定义并未明确指出"收入增加"是否涉及消费者在社会整体收入中所处地位改变，这一叙述则存在不同的内涵，该定义中的收入增加存在两种解释：一是社会上所有消费者都增加相同的比例，二是保持其他消费者收入不变，仅仅某一消费者收入增加。前一含义不涉及消费者在全社会收入中地位的改变，而后一含义则是指当收入地位发生改变时的情况，这也是相对收入函数试图研究的内容。在代表性消费者的假定下，采用时间序列数据估计的边际消费倾向自然地属于第一种含义，采用截面数据估计的边际消费倾向属于第二种含义。历史上，库兹涅茨计算的长期边际消费倾向就属于第一种含义。两种不同的收入增长内涵，实际上对应着两种不同的消费函数，即基于时间序列数据的消费函数和基于截面数据的消费函数。

由长期消费函数得出的边际消费倾向和从截面消费函数（即使用截面数据建立的消费函数）得出的边际消费倾向，在内涵上有本质的不同。长期消费函数描述的是消费者在收入随时间推移变化时的消费行为，不涉及消费者社会地位的改变，从中得到的边际消费倾向代表了消费行为模式的时序变化，稳定的边际消费倾向代表了长期稳定的消费行为模式。使用截面数据建立消费函数，描述的是消费者在社会地位发生改变时的消费行为，其边际消费倾向表示穷人和富人之间消费行为模式的变化。同样是收入增加，其效果却截然不同。在时间序列上的收入增加，等同于全社会每个人都以相同的速度增加收入，每个人的社会地位都不发生改变，即处于社会底层的穷人增加收入后依然是穷人；在截面上的收入增加，等同于其他人的收入都固定不变，仅某一消费者增加收入，这是收入地位的变动，是由穷人向富人的转变。杜森贝利最早意识到了这一问题，从而提出了相对收入的概念。在分析由库兹涅茨所得长期资料和微观数据及短期数据的矛盾结果时，他发现："在任何一定的相对所得分配之下，一个家庭从所得中所储蓄的百分比，与其在所得分配中所占的百分位数，将趋向于一个单一、不变与递增的函数关系。被储蓄的百分比，将不受所得绝对水平的影响。"① 然而，杜森贝利试图使用由截面数据得到的储蓄函数解释长期储蓄倾向的变动，致使其理论中收入时序变动与截面变动的分界又变得模糊不清。

第三节 新古典消费理论与内生消费

在研究美国的长期消费函数时，库兹涅茨得出了平均消费倾向不变的结论，这和短期消费函数中凯恩斯对消费倾向递减的论断显著不一致。为解释这一矛盾，经济学家进行了大量尝试，并建立了新的消费理论，持久收入假说和生命周期理论正是在这种尝试中发展起来的，其共同的理论前提就是长期内平均消费倾向不变，在此基础上发展起来的新古典消费理论继续采用了这一理论前提，在其发展过程中长期忽视对边际消费倾向的研究。在持久收入/生命周期理论下，当期消费等于一生财富的年金价值即持久收入，此时持久收入的边际消费倾向为1，虽然对暂时收入和财富的边际消费倾向存在一些争议，但是由于存在计量上

---

① 〔美〕杜森贝利：《所得、储蓄与消费者行为之理论》，台湾银行经济研究室，1968。

的困难，其一直未能得到深入研究。在实践上，西方发达国家长期面临储蓄不足的问题，很少出现消费不足的情况。因此，在新古典消费理论中，内生消费问题长期以来未能得到重视。

一 持久收入/生命周期理论中的边际消费倾向

从持久收入/生命周期理论开始，消费函数的研究都以消费者的跨期最优化为基础，属长期消费函数的范畴，然而除弗里德曼（Friedman）以外，其他的消费函数都没有包含收入以外的变量，不仅未考虑边际消费倾向的变动，相反，通过忽略自发消费的存在，设定平均消费倾向等于边际消费倾向，并以边际消费倾向不变为其基本的理论前提。

弗里德曼在《消费函数理论》中提出了持久收入假说，给出的消费函数为 $c_p = k(i, w, u) y_p$，其中 k 为消费倾向，i 为利率，w 为非人力资本财富对持久收入的比率，u 代表影响消费者无差异曲线形状的因素，即效用因素。弗里德曼认为消费倾向与持久收入和财富水平无关，其大小受利率、财富与持久收入的比率、消费者效用函数等因素的影响。[1]

莫迪利亚尼和布伦伯格在《效用分析与消费函数：横截面数据的一种解释》中提出的生命周期消费函数为

$$c_t = \frac{1}{L_t} y_t + \frac{N-t}{L_t} y^e + \frac{a_t}{L_t} \qquad (2-1)$$

其中，y_t 为当期收入，a_t 为当期资产，N 为工作年数，L 为剩余生命年

---

[1] Friedman, Milton (ed.), *A Theory of the Consumption Function* (Princeton: Princeton University Press, 1957), p.17.

数。$y_t^e = \sum_{\tau=t+1}^{N} y_\tau/(N-t)$，该消费函数的边际消费倾向为

$$\frac{dc_t}{dy_t} = \frac{1}{L_t} + \frac{N-t}{L_t}\frac{dy^e}{dy_t} \qquad (2-2)$$

他们认为，由于 dy^e/dy_t 的值通常落在 0 和 1 之间，边际消费倾向根据年龄和 dy^e/dy_t 的取值，对不同的个人落在最小值 1/50 和最大值 4/5 之间。生命周期理论作为最长期的消费函数，其边际消费倾向理应受到制度、习惯、偏好、借贷、风险等因素的影响。然而，在其函数中依然仅以收入为唯一的自变量，完全忽略了其他因素的影响，最终的结论是消费者在剩余生命期内平均消费拥有的资源，边际消费倾向仅仅受消费者剩余生命时期长短的影响。其后的理性预期生命周期模型则通过分析两期消费之间的变动而避开了消费倾向的问题，得出消费的变动为一随机变量的结论。随后的流动性约束和预防性储蓄模型在模型中加入借贷约束和未来风险，最新的缓冲储备模型则增加了财富对消费行为的影响，然而这些模型都难以对我国边际消费倾向的不断下降提供有力解释。

二 持久收入/生命周期理论中的边际消费倾向

作为消费理论主流的新古典消费理论，持久收入/生命周期理论提出以来，其发展过程经历了完美预期（perfect foresight）、确定性等价（certainty equivalent）、预防性储蓄（precautionary saving）、流动性约束（liquid constraints）、缓冲储备（buffer stock）几个阶段，下面分别分析各个发展阶段对边际消费倾向的研究。

1. 完美预期

在完美预期阶段，消费者可以准确预知其未来所有年份的收入，不存在收入的不确定性，如果利率等于主观折现率，消费者的最优计划就

是在剩余的时间内平均分配现有的财富，使每期消费量相等，即 $C_t = k_t (W_t + H_t)$，如果期望的生存年龄为 85 岁，那么年龄在 65 岁以下的人的边际消费倾向会小于等于 0.05。由于数据的限制，该问题的实证一直存在较大困难，仅有两起关于意外收入的典型自然实验：1950 年，美国部分退伍老兵获得了全国寿险意外赔付，这些意外收入的边际消费倾向在 0.3 与 0.5 之间；部分以色列人在 1957 年和 1958 年收到德国战争赔款（大概等于其一年的收入），其边际消费倾向约为 0.2，远高于 0.05。弗里德曼宣称，对于符合持久收入理论的典型消费者，其临时收入的边际消费倾向为 0.33。[①] 然而，上述两个自然实验的结果更多地被作为否定凯恩斯模型的证据，完全忽略了和生命周期理论推断结果的不一致问题。上述消费倾向被称为财富的边际消费倾向或暂时收入的边际消费倾向，而对持久收入的边际消费倾向则一直很少研究。对新古典消费理论中的边际消费倾向问题进行较为全面研究的只有卡罗尔，[②] 他在最优化框架下分析了完美预期情况下持久收入的边际消费倾向，设定 W_t 为消费者在第 t 期期初的财富，$R = 1 + r$，其中 r 为利率，β 为主观折现率，消费者目标函数为

$$V_t(X_t, P_t) = \max\{U(C_t) + \mathrm{E}_t[\sum_{s=t+1}^{T} \beta^{s-t} U(C_s)]\} \quad (2-3)$$

约束条件为

[①] Friedman M. Windfalls, "The 'Horizon' and Related Concepts in the Permanent Income hypothesis," in Carl F. C., et al. eds., *Measurement in Economics: Studies in Mathematical Economics and Econometrics* (Stanford, Calif.: Stanford University Press, 1963).

[②] Christopher D. Carroll, "Precautionary Saving and the Marginal Propensity to Consume out of Permanent Income," *Journal of Monetary Economics* 56 (2009): 780-790.

$$W_t = X_t - C_t,\ X_{t+1} = RW_t + Y_{t+1},\ Y_{t+1} = P_{t+1}\varepsilon_{t+1},\ P_{t+1} = GP_t N_{t+1}$$

其中，P_t 为第 t 期持久收入，而且其发展速度为 G，当其外来冲击 $N_{t+1} = 1$ 时，$P_t = GP_{t-1}$，即不存在持久收入的不确定性；当 $\varepsilon_{t+1} = 1$ 时，暂时收入为零，当期可支配收入等于持久收入。消费者效用函数为常数相对风险回避形式，即 $U(C) = C^{1-\rho}/1-\rho$，ρ 为相对风险厌恶系数，同时设定不存在任何形式的不确定性，即 $N_{t+1} = 1$ 和 $\varepsilon_{t+1} = 1$，如果消费者具有无限生命，则当期最优消费为

$$C_t = [1 - R^{-1}(R\beta)^{1/\rho}]\left[RW_{t-1} + \left(\frac{P_t}{1 - G/R}\right)\right] \quad (2-4)$$

对 C_t 求导，可得

$$\frac{dC_t}{dP_t} = \frac{1 - R^{-1}(R\beta)^{1/\rho}}{1 - G/R} \quad (2-5)$$

边际消费倾向 dC_t/dP_t 小于 1 的条件是 $G/R < R^{-1}(R\beta)^{1/\rho}$，即 $G < (R\beta)^{1/\rho}$。而 $G > (R\beta)^{1/\rho}$ 实际上是消费者不耐心的条件,[①] 相反，持久收入的边际消费倾向小于 1 的条件就是消费者足够的耐心。然而这一结果与现实存在较大差距，卡罗尔采用数据模拟的方法，设定 $R = 1.04$，$\beta = 0.96$，$G = 1.03$，$\rho = 3$，模拟得到的无限生命消费者的持久收入边际消费倾向为 4.053，还剩余 40 年生命的消费者的边际消费倾向为 1.355，都远大于 1。对我国居民而言，持久收入增长率远高于 3%，利率则低于 4%，所得边际消费倾向会更高，而实际上我国居民边际消费倾向远低于 1，理论值与实际值差距悬殊。

---

① Christopher D. Carroll, "A Theory of the Consumption Function, with and Without Liquidity Constraints," *The Journal of Economic Perspectives* 3 (2001): 23–45.

2. 确定性等价

继莫迪利安尼的生命周期理论和弗里德曼持久收入假说之后,霍尔(Hall)将理性预期和未来收入的不确定性引入消费函数,[①]消费者一生效用最大化的条件为当期消费的边际效用与未来消费的期望边际效用的现值相等,即

$$U'(C_t) = E_t\left[\frac{1+r}{1+\delta}U'(C_{t+1})\right] \quad (2-6)$$

假定利率等于主观折现率,该欧拉方程可简化为 $U'(C_t) = E[U'(C_{t+1})]$,为得到欧拉方程的显式解,霍尔假设消费者的效用函数为二次型,即

$$U(C_t) = C_t - \frac{a}{2}C_t^2 \quad (2-7)$$

其中,$a>0$,此时,$U'(C_t) = 1 - aC_t$,消费者边际效用为消费量的线性函数,[②] 此时 $E_t U'(C_t) = U'(E_t C_t)$,将其带回欧拉方程求解,可得消费者的最优消费路径为 $E_t(C_{t+1}) = C_t$。由理性预期的假定,可得 $C_{t+1} = E_t(C_{t+1}) + \varepsilon_{t+1}$,即消费者下一期消费额等于在当期对下一期的预期加上在下一期受到的新信息的冲击,结合前面欧拉方程的结果,得 $C_{t+1} = C_t + \varepsilon_{t+1}$,也就是说,消费服从随机游走过程。当效用函数为二次型时,边际效用函数是线性的,预期消费的边际效用等于消费边际效用的预期,即 $Eu'(C) = u'[E(C)]$,未来的不确定性对消费者行为没有影响,不确定条件下的消费量与确定条件下相同。

[①] Hall R. E., "Stochastic Implications of the Life Cycle – permanent Income Hypothesis: Theory and Evidence," *Journal of Political Economy* 86 (1978): 971–987.

[②] 对二次型效用函数的这一性质(特别是当消费量比较大时,边际效用可能下降到零以下)存在不少批评,最终导致利兰德所提效用函数引入。

在（2-1）式的基础上，卡罗尔进一步分析了存在持久收入的不确定性时消费对收入变动的反应。当对持久收入的冲击 N_{t+1} 和对现期可支配收入的冲击 ε_{t+1} 都是期望为 1 的随机变量时，设定 $x_t = X_t/P_t$，$c_t = C_t/P_t$，$w_t = W_t/P_t$，对持久收入边际消费倾向最自然的定义就是

$$\frac{\mathrm{d}C_{t+1}}{\mathrm{d}N_{t+1}} = \frac{\mathrm{d}P_{t+1}c(x_{t+1})}{\mathrm{d}N_{t+1}} = \frac{\mathrm{d}}{\mathrm{d}N_{t+1}}\left[GP_tN_{t+1}c\left(\frac{R}{GN_{t+1}}w_t + \varepsilon_{t+1}\right)\right] \quad (2-8)$$

持久收入变动对消费的冲击不仅受到财富水平 w_t 的影响，而且受到暂时收入的变动 ε_{t+1} 的影响，由于 ε_{t+1} 为独立同分布的随机变量，对持久收入的边际消费倾向求期望可得

$$\mathrm{E}_t\left[\frac{\mathrm{d}}{\mathrm{d}N_{t+1}}GP_tN_{t+1}c_{t+1}\right] = GP_t\mathrm{E}_t\left[c(x_{t+1}) - c'(x_{t+1})\left(\frac{R}{GN_{t+1}}\right)w_t\right] \quad (2-9)$$

进一步变化，可得持久收入的边际消费倾向：

$$\chi(w_t) = \mathrm{E}_t\left[c(x_{t+1}) - c'(x_{t+1})\left(\frac{R}{GN_{t+1}}\right)w_t\right] \quad (2-10)$$

如果消费者初始财富为零，则当期手持现金等于持久收入，即 $X_1 = P_1$ 时，$x = 1$。迪顿证明当 $x = 1$ 时，具有流动性约束的消费者当期消费也为 1，即 $c(1) = 1$，此时边际消费倾向为 1。[①] 从（2-8）式也可得出相同的结论，当初始财富为零时，（2-10）式中第二项为零，于是（2-8）式可改写为 $\chi(0) = \mathrm{E}_t[c(1)] = 1$。卡罗尔进一步证明，即使初始财富不为零，受到流动性约束的消费者也会逐渐耗尽财富，最终稳定在财富为零的状态。此时消费者财富变动过程为

$$w_{t+1} = (R/GN_{t+1})w_t + 1 - c[1 + (R/GN_{t+1})w_t] \quad (2-11)$$

[①] Deaton A., "Saving and Liquidity Constraints," *Econometrica* 59 (1991): 1221–1248.

卡罗尔最终得出结论：E(w_{t+1}) < w_t，即消费者会逐渐耗尽财富，并在此后一直保持边际消费倾向为 1。①

3. 预防性储蓄、流动性约束和缓冲储备

大量的实证研究并不支持随机游走假说，弗莱文（Flavin）发现消费变动与可预期的劳动收入变动之间具有显著的正相关性；② 坎贝尔和曼昆（Campbell and Mankiw）发现，可预期的收入每增加 1%，消费会显著地增加 0.351% ～ 0.713%，表明收入的变动对消费变动有重要的影响。③ 由于消费过度敏感和过度平滑等不符合随机游走假说，通过引入利兰德（Leland）④ 提出的效用函数，即三阶导数不为零的效用函数（该效用函数在不确定情况下会导致消费者采取更为谨慎的消费行为），主流消费理论采用预防性储蓄理论修补随机游走假说。但是，在效用函数的三阶导数大于零的情况下，难以得出不确定情况下最优消费路径的显式解，这就为对预防性储蓄的实证造成了困难。虽然有学者采用常数绝对风险规避（constant absolute risk aversion，CARA）型效用函数，用二阶泰勒级数展开得到了最优消费路径的显式解，然而如金博尔（Kimball）所指出的：

---

① 卡罗尔和金博尔（Carroll and Kimball, 1999）证明了受到流动性约束的消费者比没有受到流动性约束的消费者具有更高的暂时收入边际消费倾向。从金博尔（Kimball, 1990a）及卡罗尔和金博尔（Carroll and Kimball, 1996）的结论可知，存在收入风险的消费者比没有收入风险的消费者具有更高的边际消费倾向，其推导过程用到了这两个结论。

② Flavin M., "The Adjustment of Consumption to Changing Expectations About Future Income," *Journal of Political Economy* 89 (1981): 974 - 1009.

③ Camball J., and Deaton A., "Why is Consumption so Smooth," *Review of Economic Studies* 56 (1989): 357 - 374.

④ Leland H. E., "Savings and Uncertainty: The Precautionary Demand for Saving," *Quarterly Journal of Economics* 82 (1968): 465 - 473.

常数绝对风险规避效用函数在理论上存在明显缺陷，它不能排除出现负的消费水平，并且无法区分富人和穷人之间预防性储蓄动机的不同。① 在给定收入风险水平下，富人与穷人减少的消费量是相等的。常数相对风险规避（constant relative risk aversion，CRRA）型效用函数虽然在理论上符合要求，但是无法得到最优消费的显式解，只能采用数值解法或近似解法。由于计量上的困难，不同文献对预防性储蓄的重要性的实证，即在总储蓄中预防性储蓄占多大比重，存在很大分歧，其估计值小到 0.7%，大到 60%。②

由于受到流动性约束的消费者仅能根据最近几期的滞后收入和资产规模获得借款，其消费也仅能在最近几期中得到平滑，无法在一生持久收入的意义上平滑，国外学者进而以流动性约束解释消费的过度敏感性。泽尔斯（Zeldes）的研究表明，由于流动性约束的存在，相对于收入下降，消费相对于可预期的收入增加变动得更为剧烈，消费变动呈现了非对称性。③ 泽尔斯（Zeldes）④、迪顿（Deaton）⑤ 采用流动性约束解释消费的过度敏感和过渡平滑性时发现，只要消费者同时具有流动性约束和不确定性，预防性动机就会激励消费

---

① 杨天宇：《中国的收入分配与总消费——理论和实证研究》，中国经济出版社，2009，第34页。

② Miles S. Kimball, "Precautionary Saving in the Small and in the Large," *Econometrica* 1 (1990): 53 – 73.

③ 朱春燕、臧旭恒：《预防性储蓄理论——储蓄（消费）函数理论的新进展》，《经济研究》2001 年第 1 期。

④ Zeldes, Stephen P., "Optimal Consumption with Stochastic Income: Deviations from Certainty Equivalence," *Quarterly Journal of Economics* 104 (1989): 275 – 298.

⑤ Deaton A., "Saving and Liquidity Constraints," *Econometrica* 59 (1991): 1221 – 1248.

者进行储蓄,迪顿将这种储蓄称为"缓冲存货储蓄"(buffer stock)。其后,卡罗尔(Carroll)①、萨姆维克(Samwick)②等人为建立缓冲储备模型做了大量工作,该模型已成为主流经济学研究消费问题的最新方法。继续放松前面(2-10)式的约束条件,设定消费者同时存在持久收入变动和暂时收入变动的影响,卡罗尔进一步得出边际消费倾向对财富水平的导数

$$\left(\frac{\mathrm{d}}{\mathrm{d}w_t}\right)\chi(w_t) = E_t[-c''(x_{t+1})(R/GN_{t+1})^2] \qquad (2-12)$$

卡罗尔和金博尔证明了此时消费函数是严格凹的,即 $c''(x)<0$。因此,(2-12)式大于零,可得持久收入的边际消费倾向随财富水平的增加而上升。

三 主流消费理论在分析内生消费时的问题

从生命周期理论的角度看,人们一生的收入必然等于一生的消费,储蓄的目标仅在于未来的消费。由于社会上大量消费者的行为是随机的,有人储蓄也有人动用储蓄进行消费,长期看储蓄的增量与减量应该一致,总消费也应该接近总收入,也就不存在所谓的内生性问题,这也是主流消费理论长期以来忽视边际消费倾向研究的理论根源。然而,从我国现实情况看,我国老龄化程度不断提高,老年人口大量增加,居民储蓄存款余额却逐年上升,总消费占全部可支配收入的比重不断下降,生命周期理论根本无法解释其原因。

---

① Carroll C. D., "Buffer Stock Saving and the Life Cycle/Permanent Income Hypothesis," *Quarterly Journal of Economics* 1 (1997): 1-55.

② Samwick A., "New Evidence on Pensions, Social Security, and the Timing of Retirement," *Journal of Public Economics* 70 (1998): 207-236.

1. 采用代表性消费者的分析方法，忽视了不同收入居民消费行为的差异

由于基本生活需要和教育、结婚、住房、医疗、养老等"刚性支出"的存在，低收入居民是没有储蓄的，① 即便他们面临着更强的流动性约束和未来收入风险，其储蓄动机受到了更为强烈的消费需求的压制。高收入居民虽然具有较多的金融资产和稳定的收入来源，流动性约束和未来收入风险都比较小，然而依然进行了大量储蓄，低收入居民和高收入居民具有显著不同的消费行为。新古典消费理论忽视了这一差异，在分析中采用了代表性消费者的概念，以一个虚拟的消费者代表全社会所有消费者的共同消费行为，这样必然忽略影响低收入和高收入居民消费决策的因素。

从持久收入/生命周期理论开始，所有理论都建立在消费者效用最大化的基础之上，由于过分追求理性化的标准模型和严格的微观基础，其数学描述与计量检验越来越复杂，以至于许多方程无法得出显式解，只能采用数值模拟、检验一阶条件，最终导致其理论结论越来越模糊，对不同假说的检验也变得基本不可能。随着行为经济学中心理账户、损失规避等理论的不断发展，人们发现消费者决策的非理性化、效用感知的参考点依赖等不符合新古典消费理论前提假定的行为特征，作为其理论基石的理性预期和效用函数正不断受到来自行为经济学的挑战。

2. 忽视对边际消费倾向的研究，仅通过理论推证设定边际消费倾向为1

在莫迪利阿尼等人提出的生命周期理论中，消费者在剩余生命期内

---

① 尉高师、雷明国：《求解中国消费之谜——熊彼特可能是对的》，《管理世界》2003年第3期。

平均分配一生财富，消费倾向仅受消费者存活年限的影响。随后迪顿将持久收入的内涵替换为一生资源的年金价值，从而使"持久收入假说纳入跨时选择的一般理论框架内，而不会成为某种孤立的理论"。① 服从持久收入/生命周期理论的消费者将一生资源在每一时期平均分配，此时消费将等于年金价值，即消费掉全部持久收入，（边际）消费倾向 $k=1$。此后的主流消费理论一直将消费倾向作为固定值而不予以考虑，边际消费倾向长期被排除在主流消费函数的研究范围之外。

实质上，按照弗里德曼的论述，当期收入等于持久收入加上暂时收入，虽然持久收入被定义为消费者一生财富的年金现值，但同时也给出了暂时收入均值为零的假定，这样当使用代表性消费者或者使用一组消费者的平均收入时，其平均的暂时收入近似为零，则其平均的当期收入就是持久收入，这样对宏观总量数据而言，持久收入与平均收入在实质上就是一致的。按照这一原则推论，一国总量数据中平均消费也应该与平均收入接近一致。

现实中，我国居民边际消费倾向的不断下降，不同收入层次的居民之间、城乡居民之间消费行为的巨大差异等消费难题，都无法得到合理解释。受国外主流消费理论的影响，尽管我国居民消费倾向显著地小于1，且处于不断下降的态势，我国学者也较少进行针对消费倾向的研究。

第四节 边际消费倾向的估计方法

凯恩斯在《就业、利息和货币通论》中对边际消费倾向的定义是，

---

① 〔美〕安格斯·迪顿：《理解消费》，胡景北、鲁昌译，上海财经大学出版社，2003。

当下一次产量增加时，产量在消费和投资间分配，即 $\Delta y = \Delta c + \Delta I$，$\Delta c/\Delta y$ 为边际消费倾向。可以看出，凯恩斯对边际消费倾向的最初定义是基于宏观视角的，其主要目的是为随后的乘数分析做准备，仅仅考虑了下一期增加产出的分割比例。这里有两个隐含的前提，一是这里的消费不单指居民消费，也包括政府与企业的消费；二是消费倾向在一段时期内是较为固定的，"……这些因素虽然并不是不能改变，但在短时期内，除了出于非正常的或者发生革命的情况，很难有较大的变动"。① 其结果就是本期产出在消费和投资间分割的比例等于下一期新增产出的分割比例。实际上，之后的研究者在实证上通常仅分析了居民的消费倾向，而忽略了政府与企业的消费；同时，对采用截面数据还是时间序列数据计算边际消费倾向也不加以区别，其结论上的差异则导致了"库兹涅茨之谜"产生。由于时间序列数据和截面数据反映的消费者收入变动状况存在本质差别，而且我国现在正处于体制变革时期，居民消费倾向很不稳定，因此应该严格区分计算边际消费倾向的方法。

边际消费倾向的计算主要有差分法（$\Delta c/\Delta y$）和方程法（$c = a + by$ 中的 b）两种，使用差分法估计边际消费倾向反映了由实际的收入变动引起的消费变动，由一组数据可以得到一系列的边际消费倾向，而各个边际消费倾向之间可能会存在较大的差异。使用方程法估计边际消费倾向则反映了由平均的收入变动引起的消费变动，由一组数据仅能得到一个边际消费倾向。如果使用差分法得到的一系列边际消费倾向差异很大，说明边际消费倾向由于未知因素的影响而变动剧烈，则不适合进一步采用方程法估计边际消费倾向。差分法与方程法所得结果是否一致将成为判断边际消费倾向计算方法是否合理的有效依据。数据可分为时间

---

① 〔美〕凯恩斯：《就业、利息和货币通论》，高鸿业译，商务印书馆，1999。

序列数据和横截面数据，采用时间序列数据与截面数据的结论差距很大。在消费者面临的内外部环境都比较稳定时，其边际消费倾向在短期内将保持不变，此时时间序列数据与截面数据的结论较为一致；当内外部环境变化剧烈时，边际消费倾向也将随时变动，此时仅截面数据能得到稳定的估计结果。这里通过比较使用时间序列数据和截面数据估计得到的边际消费倾向，进一步分析两者的差异。

一　时间序列数据

1. 差分法

差分法是本期相对于上期的消费支出增量 ΔC 与可支配收入增量 ΔY 之比，由于受外部经济环境和内部约束条件等众多因素的影响，采用差分法计算得到的我国居民边际消费倾向波动非常剧烈，甚至常常出现负值和大于1的情况。刘建国使用人均消费增量与人均可支配收入（或农户的人均纯收入）增量的比值计算边际消费倾向。为解决按年度计算的边际消费倾向的剧烈波动，这里采用了增加时期长度的方法。比如，1985～1990年城镇居民边际消费倾向的计算方法如下，先用1990年的人均消费支出减去1985年的人均消费支出，得出这一时期的人均消费增量；再用1990年的人均可支配收入减去1985年的人均可支配收入，得出同一时期的人均可支配收入增量；最后用人均消费增量除以人均可支配收入增量，从而计算出1985～1990年城镇居民的边际消费倾向。[①] 这样计算得到的边际消费倾向虽然较为平稳，但是实质上是5年时间内的平均值。

2. 方程法

我国学者更多地采用方程法计算边际消费倾向，利用各年消费和支

---

① 刘建国：《我国农户消费倾向偏低的原因分析》，《经济研究》1999年第3期。

出的数据建立模型,实际上得到的是这些年平均的边际消费倾向,比如计算 1978～2002 年居民边际消费倾向就可以得到一个值,这一边际消费倾向就了代表 1978～2002 年的总体情况。骆祚炎、刘朝晖使用回归方法,以消费为被解释变量,以可支配收入为解释变量,把回归系数作为边际消费倾向。① 刘长庚、吕志华采用梯次回归的方法,以每 10 年为一期对消费函数进行回归。② 在我国各年消费倾向显著下降的情况下,采用方程法估计边际消费倾向显然是不合适的,不管所采用时期跨度是 10 年还是更长,都忽略了估计时期内的变动。这种方法既无法得出各年的边际消费倾向,又抹杀了消费倾向递减的严峻问题。

二　截面数据

1. 分层截面数据

《中国统计年鉴》提供了城镇居民分七层和农村居民五等分的收入与消费数据,采用差分法所得结果非常一致,可知适用于以方程法估计边际消费倾向。我国学者多数利用线性扩展模型(ELES)计算边际消费倾向,③ 使用凯恩斯消费函数估计边际消费倾向的比较少。使用某时期某地区不同收入层次居民的消费和收入数据估计边际消费倾向可以得到当年的边际消费倾向,差分法与方程法所得结果非常一致。

2. 微观截面数据

我国微观数据属保密数据,只有少数学者有机会使用微观数据研究

---

① 骆祚炎、刘朝晖:《中国居民消费倾向变动及其影响因素的实证分析》,《消费经济》2005 年第 3 期。

② 刘长庚、吕志华:《改革开放以来我国居民边际消费倾向的实证研究》,《消费经济》2005 年第 8 期。

③ 臧旭恒:《中国消费函数分析》,上海三联书店、上海人民出版社,1994。

消费问题。杨汝岱、朱诗娥[①]和杨天宇、朱诗娥[②]利用中国社会科学院经济研究所收入差距课题组1995年与2002年进行的城乡家庭与个人调查微观数据,分别估计了不同收入层次居民的边际消费倾向。其结论是,相对于低收入阶层和高收入阶层,中等收入阶层的边际消费倾向最高,边际消费倾向与收入水平呈倒"U"形关系。然而他们在估计中并未处理随机因素的影响,而且低收入居民具有较低的边际消费倾向,这既和人们的直觉相悖,又与现有理论不符。由于无法得到与他们相同的微观数据,后面本研究采用2002~2006年山东省城镇居民住户调查数据估计边际消费倾向,并讨论其稳定性与普适性,借以分析使用微观截面数据估计边际消费倾向时存在的问题。

第五节 以微观截面数据估计边际消费倾向时的离群值问题

我国现行住户调查并未区分耐用消费品购买与暂时收入,[③] 居民可支配收入包括工薪收入、经营净收入、财产性收入、转移性收入四大类,其中包含了大量的一次性收入,且多数额度很大;在居民消费品支出分类中,交通和通信支出项包含了家用汽车的购买,其数额多数超过10万元,远大于一般家庭当年的全部消费支出总和。同时,由于存在

---

① 杨汝岱、朱诗娥:《公平与效率不可兼得吗?——基于居民边际消费倾向的研究》,《经济研究》2007年第12期。

② 杨天宇、朱诗娥:《我国居民收入水平与边际消费倾向之间"倒U"型关系研究》,《中国人民大学学报》2007年第3期。

③ 国家统计局城市司:《中国城镇住户调查手册》,2006年9月。

各种偶然因素对单个家庭的影响,即使剔除部分数额巨大的耐用品购买与一次性收入,剩余数据的波动依然非常剧烈,而在数据存在异常值时,经典的统计方法容易产生很大偏差,乃至得到不合理的结果。① 本节以山东省微观截面数据估计不同收入层次居民的边际消费倾向,分别采用加权最小二乘法和分层数据法比较离群值对回归方程的影响。

一 不考虑离群值,直接采用微观数据估计边际消费倾向

由于居民可支配收入接近正态分布,在划分居民收入层次的标准上存在较强的主观性,这里我们先分别按不同的划分标准估计边际消费倾向,再进行对比。首先借鉴杨汝岱、朱诗娥采用的分类方法,② 将最低的10%作为低收入居民,③ 10%~25%作为较低收入居民,25%~50%作为中低收入居民,50%~75%作为中高收入居民,75%~90%作为较高收入居民,90%~100%作为高收入居民,分别建立回归方程,所得结果如表2-1所示。

表2-1 按杨汝岱、朱诗娥分层方法所得的边际消费倾向

分层	2002年	2003年	2004年	2005年	2006年
低收入户	不显著	0.769	不显著	不显著	0.732
较低收入户	0.605	0.547	0.904	0.845	0.768
中低收入户	0.751	0.795	0.542	0.648	0.601
中高收入户	0.506	0.557	0.592	0.525	0.649
较高收入户	0.291	0.542	0.588	0.328	0.625
高收入户	0.791	0.489	0.598	0.548	0.551

---

① 吕恕、朱宏:《有异常值时配回归直线的简便处理》,《工科数学》1994年第1期;张德然:《统计数据中异常值的检验方法》,《统计研究》2003年第5期。
② 杨汝岱、朱诗娥:《公平与效率不可兼得吗?——基于居民边际消费倾向的研究》,《经济研究》2007年第12期。
③ 由第四章的结论可知,居民消费行为存在两阶段性。因此,本节低收入户与表2-1、表2-2中的低收入户都剔除了人均可支配收入在参考点以下的户。

可以看出，不同收入层次居民边际消费倾向虽然变动剧烈，但是并没有固定的趋势。下面采用《中国统计年鉴》中的居民收入分类标准，分别建立回归方程，结果如表2-2所示。

表2-2 按《中国统计年鉴》分层方法所得边际消费倾向

分 层	2002年	2003年	2004年	2005年	2006年
最低收入户	不显著	0.769	不显著	不显著	0.732
低收入户	0.589	0.587	0.847	0.741	0.868
中低收入户	0.599	0.788	0.429	0.979	0.964
中等收入户	0.667	0.712	0.478	0.523	0.479
中高收入户	0.527	0.636	0.257	0.497	0.410
高收入户	0.411	0.860	0.412	0.511	0.645
最高收入户	0.791	0.491	0.599	0.548	0.552

注：表中其他结果均通过了显著性检验，为节约篇幅，没有列出对应的 t 值。

与表2-1的结论并无大的差异，依然表现为无规律波动。边际消费倾向剧烈波动是随机因素的影响所致，还是不同收入层次的边际消费倾向确实有很大差异呢？接下来我们用邹检验（chow test）验证方程的稳定性。

1. 邹检验

我们用邹检验来检验居民收入变化前后边际消费倾向是否发生了变化。邹检验的思想是在可能的间断点处将全部样本分为几部分，对每一个子样本单独拟合方程来观察估计方程的系数是否具有显著差异。假设本研究的回归模型是

$$y_i = a + bx_{1i} + cx_{2i} + \varepsilon \quad (2-13)$$

其中，$i = 1, 2, \cdots, N$。如果 N_1 是间断点，以间断点为界把原来样本容量为 N（$N = N_1 + N_2$）的数据分为两组，那么回归模型就变为

$$y_i = a_1 + b_1 x_{1i} + c_1 x_{2i} + \varepsilon \quad (2-14)$$

$$y_j = a_2 + b_2 x_{1j} + c_2 x_{2j} + \varepsilon \quad (2-15)$$

其中，$i = 1, 2, \cdots, N_1$；$j = N_1 + 1, N_1 + 2, \cdots, N_1 + N_2$。

原假设为

$$H_0: a_1 = a_2, \ b_1 = b_2, \ c_1 = c_2$$

则检验统计量为

$$F = \frac{[RSS - (RSS_1 + RSS_2)]/k}{(RSS_1 + RSS_2)/(N_1 + N_2 - 2k)} \sim F(k, N_1 + N_2 - 2k) \quad (2-16)$$

其中，RSS 是组合数据的残差平方和，RSS_1、RSS_2 分别是第一组、第二组数据的残差平方和，N_1、N_2 分别表示每组数据的观察值个数，k 是参数的总数。如果接受原假设，那么说明不存在间断点。本研究分别以 300，600，900，…，2700 为间断点，以 Eviews 6.0 进行检验，结果表明没有充分的理由拒绝原假设，即样本数据中不同收入层次居民的边际消费倾向并没有显著差异，表 2-1 回归结果中边际消费倾向的差异显著是由其他因素导致的。为验证各居民消费额的剧烈波动对估计结果的影响，本研究采用更小的分层区间，如果所得波动变得更为剧烈，则可以说明原始数据的随机波动导致了估计结果的不稳定。以 2006 年数据为例，采用十等分的方式估计各层居民边际消费倾向，所得结果如表 2-3 所示。

表 2-3 采用十等分方法所得的边际消费倾向估计结果

样 本 范 围	全部	第 1～300 户	第 301～600 户	第 601～900 户	第 901～1200 户	第 1201～1500 户
边际消费倾向	0.56	0.61	0.72	1.07	1.56	0.03
样 本 范 围	—	第 1501～1800 户	第 1801～2100 户	第 2101～2400 户	第 2401～2700 户	第 2701～2954 户
边际消费倾向	—	1.31	0.82	0.05	0.66	0.55

所得结果证实了本研究的想法，各层居民边际消费倾向波动得更剧烈了。下面对各组数据进行详细分析，找出边际消费倾向变动的具体原因。第 1201~1500 户居民的边际消费倾向仅为 0.03，单独拿出这一部分居民，详细分析后发现，第 1248 户居民人均可支配收入为 10105 元，而其人均消费为 43144 元，消费为收入的近 4.3 倍。由于回归方程对异常值非常敏感，如果去掉该户居民重新回归，所得边际消费倾向为 0.344；进一步观察数据，第 1204 户居民人均可支配收入为 9849 元，而人均消费支出为 21730 元，消费为收入的近 2.2 倍，去掉该户居民重新回归，所得边际消费倾向为 0.541。对其他组的分析也发现了类似的问题，由此可以得出结论，离群值是导致不同层次居民边际消费倾向估计结果出现较大波动的主要原因。因此，有必要对样本数据进行异方差检验。

2. 异方差检验

回归模型为

$$Y = X\beta + \varepsilon$$

其中，$\varepsilon \sim N(0, \Sigma)$，$\Sigma = \text{diag}(\sigma_1^2, \sigma_2^2, \cdots, \sigma_N^2)$。如果 $\sigma_i^2 = \sigma_j^2$（对 $\forall i \neq j$ 都成立），那么不存在异方差。本研究用 Glejster 检验来验证样本数据是否存在异方差，检验模型为

$$|e_i| = f(x_{1i}, x_{2i}, \cdots, x_{ki}) + \varepsilon_i \qquad (2-17)$$

如果回归方程中某 x_i 的系数显著，则可以认为存在异方差。本研究用 Eviews 6.0 进行检验，统计量的值为 683.32，说明存在异方差。因此，有必要修正异方差，否则估计的结果会有偏差。

二 剔除离群值的影响后，边际消费倾向的估计结果

1. 加权最小二乘法

由于上面的调查数据存在异方差，这里我们需要对其进行修正，以剔除随机因素的影响，使估计结果更可靠。以上面回归分析所得残差绝对值的倒数为权数，采用加权最小二乘法重新估计，所得结果如表2-4所示。

表2-4 按十等分方法采用加权最小二乘法得到的边际消费倾向

样本范围	全部	第1~300户	第301~600户	第601~900户	第901~1200户	第1201~1500户
边际消费倾向	0.56	0.55	0.59	0.55	0.56	0.55
样本范围	—	第1501~1800户	第1801~2100户	第2101~2400户	第2401~2700户	第2701~2954户
边际消费倾向	—	0.57	0.55	0.57	0.56	0.55

由表2-4可看出，剔除随机因素的影响以后，不同收入层次居民的边际消费倾向基本一致，即边际消费倾向不受收入的影响。为验证其稳定性，本研究进一步按不同比例等分样本，如五等分和二十等分，对每一收入层次分别进行回归分析，所得边际消费倾向都非常稳定。

2. 分层数据法

如果确实由随机因素导致了各层居民边际消费倾向波动，使用分层数据可以较好地消除其影响，则下面使用分层数据估计边际消费倾向，并验证与微观数据估计结果的一致性。如果一致，则不仅进一步证明了各层居民边际消费倾向的一致性，而且可以证明用分层数据估计消费函数的有效性。为验证其稳定性，分别采用十等分与二十等分的方法，以每一等分为一层，计算每层内居民平均可支配收入与平均消费支出，结果如图2-3、图2-4所示。

内生消费、消费行为和消费增长

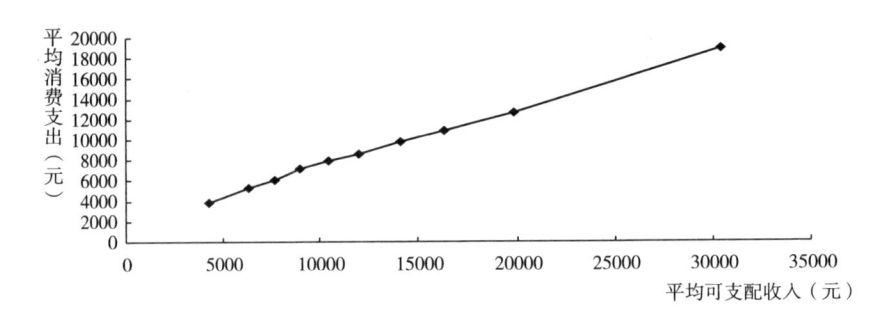

图 2-3 使用十等分方法的散点图

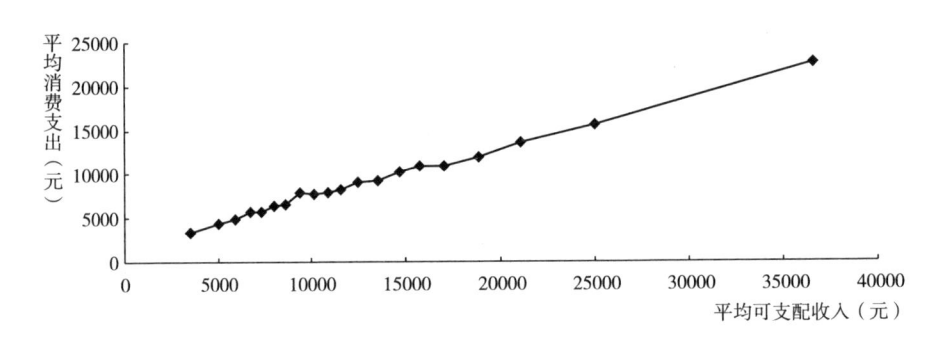

图 2-4 使用二十等分方法得到的散点图

观察数据可以看出，随可支配收入增加消费大体等比例上升，即 $\Delta y/\Delta c$ 为一个常量，对得到的数据进行回归分析，建立回归方程，使用十等分数据所得结果为

$$c = 1784 + 0.562y \qquad (2-18)$$

$$(13.18) \quad (62.06)$$

$$R^2 = 0.999 \quad F = 3851.9$$

使用二十等分数据所得结果为

$$c = 1739 + 0.565y \qquad (2-19)$$

$$(12.07) \quad (59.59)$$

$$R^2 = 0.997 \quad F = 3550.9$$

两种方法所得结果差距非常小，与采用微观数据所得结果也基本一

致，这不仅说明剔除随机因素的影响后不同收入层次的居民具有相同的边际消费倾向，而且表明在使用分层数据估计消费函数时，可以得到较理想的估计结果。在采用微观截面数据直接估计不同收入层次居民的边际消费倾向时，离群值对线性回归模型会产生巨大影响，导致估计结果极度不稳定。本节分别采用加权最小二乘法、分层数据法剔除了随机因素对回归方程的影响，结果表明两种方法所得结果是一致的，消除随机因素的影响后，不同收入层次间的边际消费倾向基本一致，其变动不存在显著的递减或倒"U"形趋势，即边际消费倾向不受收入因素的影响。

第六节 本章小结

内生消费指在现有经济系统内，不依靠外部的刺激与推动，仅仅依赖各参与主体自发的决策行为，居民愿意且能够消费的量。内生消费的增加或者说消费的内生增长是由消费者行为模式改变导致的消费增加，依靠扩大投资、增加收入等短期经济刺激政策增加的消费为外生消费。要增强我国经济增长的内生动力，只能依靠内生投资和内生消费的推动。内生消费的变动就是平均消费倾向的变动，即消费者将更大比例的收入用于消费，影响居民消费倾向的因素也就是促进消费内生增加的因素。边际消费倾向和平均消费倾向代表了不同的消费行为模式。边际消费倾向与收入变动之间不存在内在必然的联系，它可以更准确地代表消费者行为模式；而平均消费倾向则必然受到收入变动的影响，只要收入增加，必然对应着平均消费倾向的减小，因而无法准确反映消费者行为模式的改变。由于凯恩斯给出了一个模糊不清的边际消费倾向概念，其收入增加并未明确是否涉及收入地位的改变。而固定社会上其他人的收入，仅一个人的收入增加和社会上所有人按相同比例同时增加收入的影响是截然不同的，两种类型的收入增加也就对应着两种类型的边际消费倾向。从边际消费倾向的内涵分析，采用截面数据估计得到的边际消费倾向才是最合适的。

由于美国等西方发达国家主要面临储蓄不足的问题，处于主流地位的新古典消费理论完全放弃了对边际消费倾向的研究。在持久收入/生命周期理论下，当期消费等于一生财富的年金价值即持久收入，即边际消费倾向为1，这样就失去了进一步研究边际消费倾向的理论基础；同时，采用代表性消费者假设，完全忽略了不同收入层次居民消费行为的巨大差异。计算边际消费倾向采用的数据可以分为时间序列数据和截面数据，采用时间序列数据与截面数据所得结论差距很大。在消费者面临的内外部环境都比较稳定时，其边际消费倾向在短期内将保持不变，此时时间序列数据与截面数据的结论较为一致；当内外部环境变化剧烈时，边际消费倾向也将随时变动，此时仅通过截面数据能得到稳定的估计结果，而采用微观截面数据时，必须剔除离群值的影响。

第三章 行为消费理论和内生消费

1947年，冯·诺依曼和摩根斯坦（Von Neumann and Morgenstern）提出了在风险决策中得到广泛应用的期望效用理论，其基本内容是，当各种决策产生的收益的分布已知时，决策者可以根据概率分布计算出各种选择的期望收益，然后利用期望收益的效用最大化进行选择。期望效用理论一直被作为研究风险条件下个体理性决策的规范模型，也是主流消费理论的理论基础。由于心理学研究的不断发展，人们对人类经济行为的认识也在不断深入，阿莱悖论、萨缪尔森与同事的打赌等期望效用理论不能解释的"异象"逐渐引起人们的注意，学者们开始对期望效用理论提出质疑，认为该经典理论未能有效描述个体在风险决策中的选择行为。为了解决期望效用理论产生的问题，卡尼曼和特维尔斯基在一系列心理实验的基础上提出了前景理论（prospect theory），更准确地描述了在风险条件下人们的决策行为。[①] 随后，前景理论被大量应用于和风险决策相关的诸多领域，与消费理论相结合所形成的行为消费理论也获得了迅速发展，其中塞勒和谢弗林将心理账户（mental accounts）与

---

① Kahneman D., and Tversky A., "Prospect Theory: An Analysis of Decision Under Risk," *Econometrica* 47 (1979): 263–291.

生命周期理论相结合形成的行为生命周期理论的影响最为广泛。[①] 然而由于该理论未能充分体现消费行为的损失规避（loss aversion）特征，鲍温、莱因哈特和罗宾等人在1999年提出了具有损失规避的消费函数，分析了参考点和损失规避行为对居民消费决策的影响。[②] 本章首先介绍前景理论的基本内容，随后简要回顾前景理论在消费行为方面的已有研究，这不仅是现有行为消费理论的主要部分，而且是第四章用以构建具有损失规避消费函数的理论基础。

第一节 前景理论的基本内容

一系列的证据表明人们在风险条件下做出的决策系统地偏离了期望效用理论的基本原则，其中最著名的反例就是阿莱悖论和萨缪尔森与同事的打赌。本节从前景理论的研究背景开始，通过介绍其基本内容，比较前景理论和期望效用理论的不同之处。

一 前景理论的研究背景

1953年，法国经济学家阿莱选择100个实验对象做了一个著名的实验。设定A、B、C、D四个赌局，首先测试这100名实验对象在A、B两个赌局间的选择：赌局A为确定获得100万美元，表示为（100）；赌局B为有0.1的概率获得500万美元，有0.89的概率获得100万美

[①] Shefrin H. M., and Thaler R. H., "The Behavioral Life-cycle Hypothesis," *Economy Inquiry* 4 (1988): 609–643.

[②] Bowman D., D. Minehart, and M. Rabin, "Loss Aversion in a Consumption – savings Model," *Journal of Economic Behavior Organization* 2 (1999): 155–178.

元，有 0.01 的概率什么也得不到，表示为（500, 0.10; 100, 0.89; 0, 0.01），绝大多数人选择了 A 而不是 B。随后，阿莱使用 C、D 两个新赌局继续测试这 100 个人。赌局 C 是有 0.11 的概率获得 100 万美元，有 0.89 的概率什么也得不到，表示为（100, 0.11; 0, 0.89）；赌局 D 是有 0.1 的概率获得 500 万美元，有 0.9 的概率什么也得不到，表示为（500, 0.10; 0, 0.90），绝大多数人选择了 D 而不是 C。

从第一个实验的结果可以得出，$u(100) > 0.1u(500) + 0.89u(100) + 0.01u(0)$，设定 $u(0)=0$，该式可简化为 $0.11u(100) > 0.1u(500)$。从第二个实验的结果可以得出，$0.1u(500) + 0.9u(0) > 0.11u(100) + 0.89u(0)$，即 $0.11u(100) < 0.1u(500)$。两个实验得出了相反的结果，从确定获得到可能获得，参与人的决策发生了重大变化，人们总是高估确定性结果，该现象被称为确定性效应（certainty effect）。阿莱的实验是无损失条件下，即正的期望收益之间的偏好选择问题。卡尼曼和特维尔斯基进一步验证了人们在负的期望收益即面临损失时的偏好选择，发现了反射效应（reflect effect），即在损失区域，人们是风险喜好的，会高估确定性损失带来的负效用。

另外一个违背期望效用理论的反例是萨缪尔森与同事的打赌。美国著名经济学家萨缪尔森在吃午餐时问一位同事是否愿意接受这样的赌博，抛一枚硬币，如果出现他要的那面，就赢 200 美元，如果不是则输 100 美元。那位同事不愿意接受这个赌博，但是他愿意接受 100 次这样的赌博。萨缪尔森证明，如果他的这位同事在任何财富水平上都以同样的方式做出回答，则必然会违背期望效用理论，然而用前景理论来解释时，这一赌博则是很吸引人的，该同事不会违背前景理论。当观察一次单独的赌博时，价值函数的拐点是被主观支配的；当连续判断 100 次赌博时，则拐点总是相对的（参考点将随着每一次赌博变动），因而他会拒绝所有的赌博。但是如果要他对 100 次赌博进行整体判断，通过 100 次这样的赌博，他的预期总收益为 5000 美元，并且几乎不会发生损失，整体收益高于现在价值函数的拐点。

经济学家发现了很多类似的违背期望效用理论的实验证据，作为传统期望效用理论基石的偏好完备性公理、传递性公理都已不再成立，如果这两大公理不能成立，新古典的理性人定义就会被推翻，传统的期望效用理论也将无法成立。① 20 世纪 80 年代以来，很多期望效用理论的替代模型被提了出来，其中，卡尼曼和特维尔斯基提出的前景理论就是一个比较有影响力的决策模型，它比传统的期望效用理论更客观地反映了不确定环境下人们的判断和决策行为，对风险情形下期望效用理论不能解释的决策行为做出了有说服力的解释。

二 前景理论的内容

卡尼曼和特维尔斯基进行了一系列心理实验，研究了风险条件下的个体选择行为，发现了确定性效应、反射效应、或然性保险、分离效用等不符合期望效用理论的现象，进而提出了前景理论以替代期望效用理论。② 前景理论把人们的选择过程分成两个阶段：编辑阶段和评价阶段。在编辑阶段，决策者将给定前景的表述简单化；在评价阶段，决策者通过价值函数和决策权重函数对每个被编辑过的前景进行评价，从而选出价值最高的前景。

---

① Christopher D. Carroll, "Requiem for the Representative Consumer? Aggregate Implications of Microeconomic Consumption Behavior," *The American Economic Review* 2 (2000): 110 – 115.

② Kahneman D., and Tversky A., "Prospect Theory: An Analysis of Decision Under Risk," *Econometrica* 47 (1979): 263 – 291.

1. 编辑阶段

编辑阶段的主要作用就是用新的公式表示各个选项,以简化后续的评价和选择。编辑阶段有以下几个操作步骤。

(1) 编码。人们通常关注的是相对于某参考点的位置而言的收益或者损失,而非财富或福利的最终状态。在前景理论中,参考点以上的是收益,参考点以下的是损失,而参考点的位置一般相当于当前资产状况,在这种情况下,收益或损失与实际收到或支出的钱一致。编码就是根据参考点的位置,把现有的收入或支出编译成决策者的收益或损失。比如,在一个掷硬币的赌局中,若正面向上则赢 5 美元,若反面向上则输 2 美元,这个赌局就可以编码成 (5, 0.50; -2, 0.50)。

(2) 组合。将具有同一结果的概率相加而得以简化,例如,期望 (200, 0.25; 200, 0.25) 可以被简化为 (200, 0.50),并以这种方式估值。

(3) 分割。将期望中包含的无风险部分从有风险部分中剥离出来,如期望 (600, 0.70; 400, 0.30) 可以被分成 400 元的确定性收益和风险期望 (200, 0.70)。同样,期望 (-300, 0.20; -200, 0.80) 可以看做由 200 元的确定损失和风险期望 (-100, 0.20) 构成。

(4) 取消。分离效应表明人们在选择时会抛开期望中共有的部分,如在 (200, 0.66; 100, 0.33; -50, 0.01) 和 (200, 0.66; 150, 0.25; -100, 0.09) 中选择,通过取消其可以被简化为在 (100, 0.33; -50, 0.01) 和 (150, 0.25; -100, 0.09) 之间选择。

通过以上几步操作,编辑阶段很大程度上简化了评价阶段。

2. 评价阶段

编辑阶段结束后,决策者对被编辑的期望通过价值函数和决策权重函数进行评价并做出选择。被编辑期望 x 的价值 $V(x) = v(x) \cdot \pi(p)$,

其中 $v(x)$ 反映的是该选择的主观价值，$\pi(p)$ 是与客观概率 p 相对应的决策权重函数。由于价值函数中的收益或损失是相对于参考点的位置而言的，结果的定义就是与参考点相对应的。在价值函数中以 O 为参考点，因此，价值函数 $v(x)$ 偏离参考点的程度就是收益或损失的大小。对一个简单前景 $(x, p; y, q)$ 评价的公式如下。

（1）如果 $p+q<1$，$x \geq 0 \geq y$ 或 $x \leq 0 \leq y$，则该前景被称为普通前景，此时该前景的价值为

$$V(x, p; y, q) = \pi(p) v(x) + \pi(q) v(y) \qquad (3-1)$$

其中，$v(0)=0$，$\pi(0)=0$，$\pi(1)=1$，对于确定结果 x，价值 $V(x,1)=V(x)=v(x)$。

（2）如果 $p+q=1$，$x>y>0$ 或者 $x<y<0$，则该前景被称为严格正或负前景，编辑阶段已经将这类前景中的无风险部分从风险部分中剥离，其结果相应地分为确定收益或损失和不确定收益或损失两部分。这类前景的价值为

$$V(x, p; y, q) = V(x, p; y, 1-p) = v(y) + \pi(p)[v(x) - v(y)]$$
$$(3-2)$$

通过价值函数和决策权重函数对每个被编辑过的前景进行评价，我们可选出价值最高的前景，并进行相应的决策。前景理论认为人们在选择风险资产时，面对收益时价值函数（value function）是凹的，面对损失时价值函数是凸的，且损失区域比收益区域陡峭；在实际决策过程中，人们对概率的估计值与实际值有偏差，一般会高估小概率而低估高概率，且决策权重函数（weighting function）一般小于相应概率 p，决策权重之和往往小于 1。

此后前景理论进一步发展，奎金（Quiggin）提出等级依赖函

（rank-dependent functional），认为赋予结果的权重除了与结果的概率有关外，还与各结果所处的等级有关。① 卡尼曼和特维尔斯基将累积泛函理论引入前景理论，建立了累积前景理论（cumulative prospect theory）。②

三 价值函数和损失规避

大量关于决策的实验表明，决策者更关注相对于某一给定参考点而言的财富或福利的变化，而不是其最终状态，参考点以下的财富水平为损失，参考点以上的为收益。人们对价值的感受是财富或福利的改变而不是其最终状态，这一特点与人类感知外界刺激的基本原理是一致的，人类器官的感觉与被感觉量的变化值而不是绝对值相适应，当我们对声、光或者温度等刺激做出反应时，过去的或现在的经验会确定一个适应水平或参照点，刺激通过与这个参照点的对比而被感知。因此，一个具有特定温度的物体对一个已经适应某个温度的人来说，摸起来可能是热的也可能是冷的。同一原理也可以应用于非感觉属性，如健康、声望和财富等。同一数额的金钱，对一个富有的人来说可能算不了什么，而对一个贫穷的人来说，则可能是一笔巨大的财富。而且人们对改变的敏感性都是递减的，许多心理反应都是物理变化量的凹函数，如室内温度变化3℃和6℃是很容易区分的，而变化13℃和16℃则不那么容易区分。这一原理也可以应用于对财富变化量的估值，收益100美元和200美元的差异比收益1100美元和1200美元的差异要大；同样，损失100

---

① Quiggin, John, "A Theory of Anticipated Utility," *Journal of Economic Behavior and Organization* 3 (1982): 323–343.

② A. Tversky, and D. Kahneman, "Advances in Prospect Theory: Cumulative Representation of Uncertainty," *Journal of Risk and Uncertainty* 5 (1992): 297–323.

美元和200美元的差异比损失1100美元和1200美元的差异也要大（除非那个大一些的损失是难以承受的）。

卡尼曼和特维尔斯基给出的价值函数呈不对称的"S"状，以对照点的偏离程度为标准，向两个方向（收益和损失）的偏离呈反射形状，即所谓的"反射效应"（refleetion effeet）。价值函数在损失部分要比获益部分更加陡峭，在参考点之上（也就是收益区域）是凹的，这体现为风险回避，即在确定性收益和非确定性收益中偏爱前者；在参考点之下（也就是损失区域）是凸的，这体现为风险偏爱，即在确定性损失和非确定性损失中偏爱后者。人们对财富变化的态度是损失的影响大于收益，损失一笔钱所引起的烦恼大于获得一笔同样数目的收入带来的快乐，个体对收益反应强度小于同等损失，在图形上表现为损失部分比收益部分更陡峭。在现实生活中，形如 $(x, 0.50; -x, 0.50)$ 的对称性赌博不被接受，而且随着赌注数目的增加，人们的厌恶程度也会增加，即如果 $x > y > 0$，那么人们更易于接受 $(y, 0.50; -y, 0.50)$ 而不是 $(x, 0.50; -x, 0.50)$。从图3-1可以更直观地看出来。

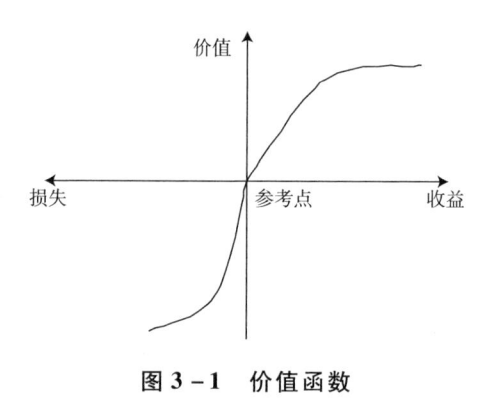

图3-1 价值函数

卡尼曼和特维尔斯基给出的价值函数的三个性质可以用数学公式表示如下。

(1) $v(x)$ 是严格单调递增的，即 $v'(x) > 0$。

(2) 当 $x > 0$ 时，$v(x)$ 是严格凹函数；当 $x < 0$ 时，$v(x)$ 是严格凸函数，即对 $x > 0$，$v''(x) < 0$；对 $x < 0$，$v''(x) \geq 0$。

(3) 当 $y > x > 0$ 时，$v(y) + v(-y) < v(x) + v(-x) < 0$。

人们对损失的敏感程度大于收益，这表现为价值函数在损失部分比收益部分更为陡峭，即决策者是损失规避的。损失规避是卡尼曼和特维尔斯基提出的前景理论的核心思想，决策行为的损失规避特征受到了学者们的广泛关注，它能解释很多有悖于期望效用理论的现象。

四　前景理论与期望效用理论的区别

前景理论与期望效用理论的差别主要体现在两方面：价值函数和决策权重函数。前景理论不仅将期望效用理论中的效用函数更新为价值函数，更重要的是对客观概率进行了非线性转化，以决策权重函数代替客观概率。

1. 价值函数

价值函数是前景理论的核心组成部分，不同于期望效用理论的效用函数。价值函数是相对于某参考点而言损失或收益的函数，而期望效用是最终财富的函数。心理学实验表明，投资者进行投资决策时考虑的不是财富的最终状态，而是财富相对于某一特定参考点的改变。在前景理论中，价值函数中的获益或者损失是相对于参考点而言的，以对参考点的偏离程度为标准，参考点以上为收益部分，参考点以下为损失部分，参考点作为收益或损失的评价标准，是由个人主观确定的，而且对不同资产的投资、不同时间的决策行为而言，参考点不是恒定不变的。

价值函数的特征为价值函数在收益部分是凹函数，在损失部分是凸函数，且价值函数在损失部分要比收益部分更加陡峭，呈不对称的

"S"状。可以用式子表示为，对于任意一点 x（$x>0$ 为收益，$x<0$ 为损失），都有 $v(x) < -v(-x)$，这种现象被称为损失规避（loss aversion），从图 3-1 可以更直观地看出来。价值函数在收益部分是凹函数，说明个体在面对收益时表现了风险规避的倾向，即人们更偏好确定性收益；在损失部分是凸函数，说明个体在面对损失时表现为风险偏好，即相对于确定的损失而言，更偏好不确定的损失。价值函数在损失部分的曲线比收益部分更陡峭，说明决策者面对财富减少时带来的痛苦要大于得到同等财富时带来的快乐，即收益部分的斜率小于损失部分的斜率。

2. 决策权重函数

按照期望效用理论的方法，期望效用是各个收益出现概率的线性函数。然而心理学研究表明，某决策的效用是价值函数 $v(x_i)$ 和收益 x_i 发生的心理概率 $\pi(p_i)$ 的乘积，即行动 a 使收益 x_i 出现的概率为 p_i，行动 b 使收益 x_i 发生的概率为 q_i，当且仅当 $\sum \pi(p_i)u(x_i) > \sum \pi(q_i)u(x_i)$ 时，决策者选择行动 a 而非 b。决策权重函数替代了期望效用理论中完全理性的客观概率，其特点为决策权重函数是以客观概率为自变量的函数，是客观概率的一种非线性转化；当概率很小时，投资者会过度重视小概率事件，而当概率很大时，会忽视高概率事件。

第二节 损失规避的表现、定义和度量

损失规避是近年来讨论较多的一种现象，从直观上解释，损失规避是指因损失而产生的痛苦大于等量获得带来的快乐；从价值函数的形状上看，损失规避是指损失部分比收益部分更陡峭。损失规避行为的具体表现包括禀赋效应、现状偏差、偏于改进而不愿交易、损失与收益组合等多种形式，在对损失规避的定义与损失规避强度的度量方面，国外学者还存在较大分歧。

一 损失规避的几种表现

1. 禀赋效应（endowment effect）

损失规避的一个直接推论就是放弃一件物品所减少的效用要大于获得该物品所增加的效用，塞勒将这种差异称为禀赋效应，即一旦人们拥有某件物品，其对该物品的评价就会改变，放弃该物品所要求的补偿要大于为得到该物品所愿意做出的付出。[1] 塞勒用损失规避来解释出现这种现象的原因：由于损失与收益的效用不对称，拥有者把出让看成一种损失，而接受者将该物品视为获得。卡尼曼、尼奇和塞勒（Kahneman, Knetsch, and Thaler）[2] 使用一系列实验测试了禀赋效应，其中一个实验是随机地赠予1/3的受试学生一个杯子（零售价格约为5美元），所有受试学生接受一个问卷调查，接受杯子的学生需回答："请你选择以一个可以接受的价格出售手中的杯子，在下列价格下，你（x）愿意出售手中的杯子；（y）拒绝出售，把杯子带回家。"问卷中给出的价格从50美分开始，每次增加50美分，直到9.5美元。没有收到杯子的学生回答另一个问题，即选择接受一个杯子还是一定数量的现金，其数额也是从50美分到9.5美元。初始获得杯子的学生为出售者，没有获得杯

---

[1] Thaler Richard, "Toward a Positive Theory of Consumer Choice," *Journal of Economic Behavior and Organization* 1 (1980): 39 - 60.

[2] Kahneman, Knetsch, and Thaler, "Experimental Tests of the Endowment Effect and the Coase Theorem," *Journal of Political Economy* 6 (1990): 1325 - 1348.

子的学生为选择者,两类人面临相同的决策,只是其参考状态不同。实验结果为,出售者的估价是 7.12 美元,选择者的估价仅为 3.12 美元;在另一次实验中,出售者的估价是 7 美元,选择者的估价是 3.5 美元。选择者参考状态为零,接受杯子和接受现金两种选择都是一种获得;出售者的参考状态是拥有杯子,他们是在保持现状和进行交易之间做选择,对杯子的估价等同于对损失的估价,实验结果也证实了损失规避行为的存在。

2. 现状偏差(status quo bias)

萨缪尔森和泽克豪泽(Sarnuelson and Zeckhauser)使用现状偏差表示决策者倾向于保持现状的特性,他们在研究哈佛大学员工对医疗计划的选择时发现,新员工更易于选择新的医疗计划,尽管变更的成本非常小,在新的医疗计划实施以前就被雇用的老员工却很少选择新的医疗计划。[①] 如同处于无差异曲线上的两点 x 和 y,如果决策者处于 x 点,则认为 x 优于 y;如果决策者位于 y 点,则认为 y 优于 x。

尼奇和辛登(Knetsch and Sinden)对此组织了一个实验,该研究中的参与者要么得到一张奖券,要么得到 2 美元。一段时间后,持有奖券的人都有机会将奖券兑换成钱,而最初持有钱的人也有机会将手中的钱换成奖券。结果几乎没人愿意选择交换,相对于所兑换的钱而言,那些最初持有奖券的人似乎更偏爱奖券。[②] 尼奇还组织了另一个类似的实验,在两个班的大学生中,一个班的学生被给予杯子,另一个班的学

---

① Samuelson, William, and Richard Zeckhauser, "Status Quo Bias in Decision Making," *Journal of Risk and Uncertainty* 1 (1988): 7-59.

② Knetsch, Jack L., and J. A. Sinden, "Willingness to Pay and Compensation Demanded: Experimental Evidence of an Unexpected Disparity in Measures of Value," *Quarterly Journal of Economics* 99 (1984): 507-521.

生则收到一条瑞士巧克力，随后要求愿意交换礼物的学生举起一个写着"交换"的牌子，尽管交易费用非常低，却有 90% 的学生选择保持其最初收到的礼物。① 参与者具有强烈的维持现状的倾向，只有当改变现状带来的收益远大于损失的时候，人们才愿意做出改变。

3. 偏于改进而不愿交易（improvements versus tradeoffs）

卡尼曼和特维尔斯基②组织了一个实验来验证这一现象，该实验有 90 名大学生参与，一半的参与者（晚餐组）被给予了一张免费餐券和一个月历，另一半参与者（照片组）获得了一次免费的肖像画机会和一个月历，随后再赋予每个人一次使用手中礼品交换另一个选择的机会，即在两张免费餐券和两张肖像画中选择一个，结果晚餐组中 81% 的人选择了两张免费餐券，而照片组中只有 52% 的人选择了两张免费餐券，多数人不愿意放弃自己原来拥有的东西。

4. 损失与收益组合（advantages and disadvantages）

损失与收益组合即偏向于小损失和小改进的组合，而不是大损失和大改进的组合。卡尼曼和特维尔斯基设计了一个关于职业选择的实验：在职业培训过程中，给参与人指派一份兼职工作，培训结束后，要求其选择一份新工作，而且新工作除了社会接触度和交通便利程度外，多数方面和兼职的工作相似。③ 为了将这两种被选工作和兼职工作进行对比，他们制作了下表 3-1。

---

① Knetsch, and Jack L., "The Endowment Effect and Evidence of Nonreversible Indifference Curves," *American Economic Review* 5 (1989): 1277–1284.

② A. Tversky, and D. Kahneman, "Loss Aversion in Riskless Choice: A Reference-Dependent Model," *The Quarterly Journal of Economics* 4 (1991): 1039–1061.

③ A. Tversky, and D. Kahneman, "Loss Aversion in Riskless Choice: A Reference-Dependent Model," *The Quarterly Journal of Economics* 4 (1991): 1039–1061.

表 3-1　当前兼职工作和新工作的损失与收益

选项	社会接触度	每天行车时间（分钟）
当前兼职工作	孤　　立	10
新工作 x	有限的接触	20
新工作 y	适度接触	60

该实验的第二部分包含了相同的选择 x 和 y，但是参考点不同（工作 s'），即当前兼职工作为令人愉悦的社会交往和 80 分钟行车时间。第一种情况中有 70% 的参与者选择了新工作 x，第二种情况中只有 33% 的参与者选择了新工作 x（参与者数量为 106 人）。在第一种情况下，两个备选项在社会交往方面优于当前的兼职工作，而在行车时间方面劣于当前的兼职工作，社会接触的数量被作为收益，而行车时间被作为损失，这种关系在第二种情况中正好相反。

实质上，上面几种现象都是不对称价值的外在表现，都可以用损失规避解释，因为放弃的损失要大于获得的收益，个体有维持现状的强烈倾向，这意味着在参考点，价值函数的斜率会发生突然改变。参与人的这种行为与传统经济学的假定相违背，有的学者就考虑，如果把实验对象放在有较多学习机会的市场环境下，这种行为可能就会消失。例如，克涅兹、史密斯和威廉姆斯（Knez, Smith and Williams）认为买卖之间的价格差别可能是由在正常情况下讨价还价的习惯导致的，也就是获得者低估了自己的支付意愿（willingness-to-pay，WTP），而出售者夸大了自己可接受的最低出售价格（willingness-to-accept，WTA）。[1] 库西、豪维斯和舒尔茨（Coursey, Hovis, and Schultze）用实验证明了买卖价格

---

[1] Knez, Peter, Vernon Smith, and Arlington W. Williams, "Individual Rationality, Market Rationality, and Value Estimation," *American Economic Review* 75 (1985): 397-402.

之间的差别在市场条件下会变小，但是并没有彻底消失。①

二 损失规避和损失规避系数的定义

1. 损失规避的定义

卡尼曼和特维尔斯基首先采用语言描述的形式给出了损失规避的定义，即损失一笔钱的痛苦大于获得相同数目的钱得到的快乐，人们总是拒绝形如 $(x, 0.5; -x, 0.5)$ 的公平赌局，而且随着赌注的上升，人们的厌恶程度也在增加。② 随后，他们给出了较严格的定义：给定 $x>y\geqslant 0$，$v(y)+v(-y)>v(x)+v(-x)$；移项得 $v(-y)-v(-x)>v(x)-v(y)$；令 $y=0$，得：$-v(-x)>v(x)$，该式被称为卡尼曼和特维尔斯基给出的第一个定义。如果 $v(\cdot)$ 的导数存在，则令 y 逼近 x，得：对于所有 $x>0$，$v'(-x)>v'(x)$ 成立。该式被称为卡尼曼和特维尔斯基给出的第二个定义，即基于损失的价值函数比基于获得的价值函数更为陡峭，该定义的一个直接推论是价值函数在参考点处存在一个"扭结"。

鲍温等人在卡尼曼和特维尔斯基定义的基础上，对损失规避给出了更严格的定义，指出只有当价值函数在损失区域的每一处斜率都大于等于在收益区域的斜率时，损失规避才成立，即只有当所有的 $x<0<y$ 都满足 $v'(x)\geqslant v'(y)$ 时，决策者才是损失规避的。③ 尼尔森（Neilson）放松了

---

① Coursey, Don L., John L. Hovis, and William D. Schulze, "The Disparity Between Willingness to Accept and Willingness to Pay Measures of Value," *The Quarterly Journal of Economics* 102 (1987): 679–690.

② Kahneman D., and Tversky A., "Prospect Theory: An Analysis of Decision Under Risk," *Econometrica* 47 (1979): 263–291.

③ Bowman D., D. Minehart, and M. Rabin, "Loss Aversion in a Consumption-savings Model," *Journal of Economic Behavior Organization* 2 (1999): 155–178.

关于对称的条件限制，定义损失规避为：对所有的 $x<0<y$，$v(x)/x \geq v(y)/y$ 都成立，即获益的最大平均效用小于损失的最小平均效用。①

下面进一步分析上述四个定义之间的联系。考虑这样一种情况：如果令 $x=-y$，那么鲍温等关于损失规避的定义式就变形为 $v'(-y) \geq v'(y)$，对所有 $y>0$ 成立，等同于卡尼曼和特维尔斯基给出的第二个定义；此时尼尔森的定义式变形为 $-v(-y) \geq v(y)$，对所有 $y>0$ 成立，等同于卡尼曼和特维尔斯基给出的第一个定义。接下来分析鲍温等的定义式与尼尔森和特维尔斯基的定义式之间的联系。由尼尔森等的定义式可得

$$\frac{v(x)}{x} = \frac{v(x)-v(0)}{x-0} = v'(\xi), \xi \in (x,0) \qquad (3-3)$$

$$\frac{v(y)}{y} = \frac{v(y)-v(0)}{y-0} = v'(\zeta), \zeta \in (0,y) \qquad (3-4)$$

由于 $v'(x) \geq v'(y)$ 对所有的 $x<0<y$ 都成立，由 (3-3) 式和 (3-4) 式可知 $v'(\xi) \geq v'(\zeta)$ 也成立，这意味着 $v(x)/x \geq v(y)/y$ 成立。可见，上述四个关于损失规避的定义具有内在联系，只是形式有差异。就形式来看，鲍温等人定义的损失规避条件是最强的，卡尼曼和特维尔斯基的第一个定义条件最弱，卡尼曼和特维尔斯基的第二个定义与尼尔森的定义介于中间，而且两个定义不具有可比性。还有的学者通过损失规避系数来定义损失规避，如科布林和莱卡（Kobberling and Wakker）通过价值函数在参考点的特征来定义损失规避，认为当损失规避系数大于1时，决策者就是损失规避的。② 由于对损失规避系数的定义不同，得出的结

---

① William S. Neilson, "Comparative Risk Sensitivity with Reference-Dependent Preference," *The Journal of Risk and Uncertainty* 2 (2002): 131–142.

② V. Kobberling, and P. P. Wakker, "An Index of Loss Aversion," *Journal of Economic Theory* 1 (2005): 119–131.

果存在很大差异,下面介绍国外学者对损失规避系数的定义。

2. 损失规避系数的定义

卡尼曼和特维尔斯基认为对任意一点 $x>0$, $-v(-x)/v(x)$ 的值就是损失规避系数。① 卡尼曼和特维尔斯基沿用了这一定义,设定的价值函数形式为

$$v(x) = \begin{cases} x^{\gamma}, & x \geqslant 0 \\ -\lambda(-x)^{\gamma}, & x < 0 \end{cases} \quad (3-5)$$

其中,x 是最终财富相对于参考点的变化,$\lambda>1$ 为损失规避系数。② 经过试验,所得结果是,投资者在财富减少时带来的负效用在数值上大约是同等财富增加时带来的正效用的两倍,即价值函数在损失区域与收益区域的斜率之比大约是2∶1,卡尼曼和特维尔斯基使用了一种与此类似的价值函数形式。③ 科布林和莱卡假定基本价值函数 u 是处处可微分的,包括在参考点附近。基于该假定,他们给出的损失规避系数为 $\lambda = -u(x_2)/u(x_1)$,其中,对任意 $x_2<0<x_1$,$u(x_1) < -u(x_2)$ 都成立。④ 在科布林和莱卡工作的基础上,孙磊将损失规避系数重新定义为一个新的函数,用来衡量两个对称位置陡峭程度的比率,即对于所有的 $x>0$,都有 $\lambda(x) = v'(-x)/v'(x)$。⑤ 上述定义被接受的关键

---

① Kahneman D., and Tversky A., "Prospect Theory: An Analysis of Decision Under Risk," *Econometrica* 47 (1979): 263–291.

② A. Tversky, and D. Kahneman, "Loss Aversion in Riskless Choice: A Reference-Dependent Model," *The Quarterly Journal of Economics* 4 (1991): 1039–1061.

③ A. Tversky, and D. Kahneman, "Advances in Prospect Theory: Cumulative Representation of Uncertainty," *Journal of Risk and Uncertainty* 5 (1992): 297–323.

④ V. Kobberling, and P. P. Wakker, "An Index of Loss Aversion," *Journal of Economic Theory* 1 (2005): 119–131.

⑤ Lei Sun, *Loss Aversion in Prospect Theory*, www.efmaefm.org, 2009: 1–30.

是关于效用函数的假定,因此,接下来本研究讨论几种常见形式的效用函数。一种常用的偏好假定是常数绝对风险厌恶(CARA)效用函数:

$$v(x) = \begin{cases} \dfrac{1-e^{-\mu x}}{\mu}, & x \geq 0 \\ s\left(\dfrac{e^{vx}-1}{v}\right), & x < 0 \end{cases} \quad (3-6)$$

其中,$\mu > 0$,$v > 0$。当 $x > 0$ 时,损失规避系数为

$$\lambda(x) = \frac{v'(-x)}{v'(x)} = se^{(\mu-v)x} \quad (3-7)$$

不考虑决策权重函数的影响,当且仅当 $\mu \geq v$[①] 和 $s > 1$ 时,损失规避成立。另一种偏好假定是双曲线绝对风险厌恶(hyperbolic absolute risk aversion,HARA)效用函数:

$$v(x) = \begin{cases} \dfrac{(x+a)^{1-\gamma}}{1-\gamma} - \dfrac{a^{1-\gamma}}{1-\gamma}, & x \geq 0 \\ s\left(\dfrac{b^{1-\beta}}{1-\beta} - \dfrac{(-x+b)^{1-\beta}}{1-\beta}\right), & x < 0 \end{cases} \quad (3-8)$$

其中,$a > 0$,$b > 0$,$0 < \gamma$,$\beta < 1$。当 $x > 0$ 时,损失规避系数为

$$\lambda(x) = \frac{U'(-x)}{U'(x)} = s\frac{(x+a)^{\gamma}}{(x+b)^{\beta}} \quad (3-9)$$

施密特和萨克(Schmidt and Zank)得出了在累积前景理论下损失规避的充要条件,即增加一定量的特定概率和额度的收益的影响,小于减少相同量的同等概率和额度的损失的影响。[②] 它表明损失规避结合了

---

① 当 $\mu > v$ 时,只要 x 足够大,不管 s 取何值,都有 $\lambda(x) < 1$。
② Schmidt, and Zank, "What is Loss Aversion?" *The Journal of Risk and Uncertainty* 2 (2005): 157–167.

决策权重和效用差异的共同影响。施密特、斯塔默和萨格登（Schmidt, Starmer, and Sugden）的研究发现，$\lambda > 1$ 则表示偏好具有强不可逆性，从而解释了 WTA/WTP 的差异。① 因此，WTA/WTP 的差异并不等同于损失规避。

三 基于消费过度敏感性的损失规避度量

霍尔将理性预期引入持久收入/生命周期理论，在实际利率等于时间偏好的假定下，导出最优的消费路径是独立于收入的随机游走过程，如果消费者关于持久收入的预期是理性的，则前期消费就是本期持久收入的最佳预期，本期消费仅与前期消费有关，其他任何变量对消费都没有解释能力。② 但大量的实证研究并不支持随机游走假说，学者们从很多方面对这一现象提出了解释，如预防性储蓄动机、短视行为、流动性约束、资本市场不完善等。谢（Shea）认为损失规避行为同样可以导致消费行为的过度敏感，并且通过实证发现，损失规避行为是导致美国居民消费过度敏感的主要原因。③

如果消费者受到流动性约束，将仅在预期未来收入增加时无法增加现期收入，当预期未来收入下降时，可以自由减少当期消费支出；如果消费是短视的，消费变动仅将跟随收入变动，可预期收入的增加或减少呈现了对称性。然而，二战后美国的消费者对可预期收入下降表现得更为

---

① U. Schmidt, C. Starmer, R. Sugden, "Third-generation Prospect Theory," *Journal of Risk and Uncertainty* 36 (2008): 203 – 223.

② Hall R. E., "Stochastic Implications of the Life Cycle-permanent Income Hypothesis: Theory and Evidence," *Journal of Political Economy* 86 (1978): 971 – 987.

③ John Shea, "Myopia, Liquidity Constraints, and Aggregate Consumption: A Simple Test," *Journal of Money, Credit and Banking* 3 (1995): 798 – 805.

敏感，不管是短视行为还是流动性约束，都不能解释这种行为，这种反常的不对称与跨期偏好中的损失规避相一致，通过扩展坎贝尔和曼昆验证消费者过度敏感性的计量模型，就可以验证损失规避行为的存在性。[①]

坎贝尔和曼昆（Campbell and Mankiw）将经济体中的消费者分成两类，总的可支配收入为 y_t。[②] 第一类为凯恩斯型消费者，所占比例为 λ，其当期消费水平 c_{1t} 由当期收入 y_{1t} 决定，则有 $c_{1t} = y_{1t} = \lambda y_t$，且有 $\Delta c_{1t} = \lambda \Delta y_t$；第二类为随机游走型消费者，所占比例为 $1 - \lambda$，当期消费为 c_{2t}，且有 $\Delta c_{2t} = (1 - \lambda)(a + br_t + \varepsilon_t)$，又 $\Delta c_t = \Delta c_{1t} + \Delta c_{2t}$，化简后可得

$$\Delta c_t = \eta + \lambda \Delta y_t + \theta r_t + \mu_t \qquad (3-10)$$

其中，$\eta = (1 - \lambda) a$，$\theta = (1 - \lambda) b$，$\mu_t = (1 - \lambda) \varepsilon_t$。坎贝尔和曼昆通过实证发现 λ 介于 0.351 和 0.713，且在统计上显著，但是他们并没有进一步研究 λ 存在的原因。谢在坎贝尔和曼昆研究的基础上，进一步研究了不同理论下 λ 的取值。[③] 基于上述讨论，下面的回归方程可以检验消费过度敏感性的原因。

$$\Delta c_t = \eta + \lambda_1 (POS_t) \Delta y_t + \lambda_2 (NEG_t) \Delta y_t + \theta r_t + \mu_t \qquad (3-11)$$

其中，POS 和 NEG 是虚拟变量，分别表示"好年份"和"坏年份"。本研究认为前一期收入变动率是当期收入变动率的预期，即 $\Delta y_{t-1} =$

[①] John Shea, "Myopia, Liquidity Constraints, and Aggregate Consumption: A Simple Test," *Journal of Money, Credit and Banking* 3 (1995): 798–805.

[②] John Y. Campbell, and N. Gregory Mankiw, "Permanent Income, Current Income, and Consumption," *Journal of Business & Economic Statistics* 3 (1990): 265–279.

[③] John Shea, "Myopia, Liquidity Constraints, and Aggregate Consumption: A Simple Test," *Journal of Money, Credit and Banking* 3 (1995): 798–805.

$\Delta \hat{y}_t$,因此,在当期实际收入增长率 Δy_t 高于预期值 $\Delta \hat{y}_t$ 时的年份被称为"好年份",此时 POS 取值为 1(NEG = 0);而当期实际收入增长率 Δy_t 低于预期值 $\Delta \hat{y}_t$ 时的年份被称为"坏年份",则 POS 取 0(NEG = 1)。λ_1 和 λ_2 的大小关系对应不同的行为动机,如表 3-2 所示。

表 3-2 不同理论的检验标准

理 论	可检验的假设
短 视 行 为	$\lambda_1 = \lambda_2$,$\lambda_1 > 0$,$\lambda_2 > 0$
流动性约束	$\lambda_1 > 0$,$\lambda_1 > \lambda_2$
损 失 规 避	$\lambda_2 > \lambda_1 > 0$

在短视行为下,消费主要依靠当期收入,预期收入的增加或者减少对消费的影响是对称的;由于流动性约束中消费变动对预期收入增加的反应要强烈一些,在流动性约束条件下,收入增加对消费产生的影响要大于收入减少对消费产生的影响;当具有损失规避时,消费者对预期收入下降的反应要比对预期收入上升的反应更为强烈。也就是在短视行为下,λ_1 等于 λ_2 且均大于 0;在流动性约束下,$\lambda_1 > 0$ 且 $\lambda_1 > \lambda_2$;在具有损失规避行为时,则与流动性约束的情况刚好相反,$\lambda_2 > \lambda_1 > 0$。

四 损失规避的应用

近些年,越来越多的经济学家将损失规避应用于各种经济问题的分析,为了研究损失规避的影响,卡尼曼和特维尔斯基提出了一个关于参考点的无差异曲线的变形理论,也就是消费者选择的参考点依赖理论(reference-dependent theory)。① 该理论的核心假定是损失或不利条件对

---

① A. Tversky, and D. Kahneman, "Loss Aversion in Riskless Choice: A Reference-Dependent Model," *The Quarterly Journal of Economics* 4 (1991): 1039-1061.

偏好的影响要大于收益或有利条件对偏好的影响，这样就考虑了损失规避对经济行为的影响。拉宾和塞勒（Rabin and Thaler）的研究发现，随着赌博游戏中损失和收益绝对量的增加，损失规避也就越来越强烈，显著地影响参与人的决策行为。[1] 布鲁斯、约翰逊和费德（Bruce, Johnson, and Fader）利用损失规避分析了消费者的品牌选择行为，他们构建了一个参考点依赖的多元选择模型，并以面板数据进行估计，从模型的估计结果来看，它比非参考点依赖的模型拟合效果好，系数也和损失规避的特征一致，消费者具有显著的损失规避特点，即相对于参考品牌的损失要比收益更能影响消费者的选择，不管是对该品牌的价格还是质量而言。[2] 伯纳兹和塞勒（Benartzi and Thaler）将损失规避应用到资产定价领域来解释"股票溢价之谜"（equity premium puzzle）。[3] 他们发现投资者不仅对损失高度敏感，而且会频繁评估自己的长期投资组合，他们称这一特征为短视损失规避（myopic loss aversion）。通过模拟发现，股票溢价和损失规避的程度是一致的。

第三节 行为消费理论对内生消费的研究

最早将行为经济学理论应用于消费行为研究的当属塞勒，通过分析

---

[1] Matthew Rabin, and Richard H. Thaler, "Anomalies: Risk Aversion," *Journal of Economic Perspectives* 1 (2001): 219 – 232.

[2] Bruce, Johnson, and Fader, "Modeling Loss Aversion and Reference Dependence Effects on Brand Choice," *Marketing Science* 4 (1993): 378 – 394.

[3] Shlomo Benartzi, and Richard H. Thaler, "Myopic Loss Aversion and the Equity Premium Puzzle," *The Quarterly Journal of Economics* 1 (1995): 73 – 92.

不同类型收入、资产和支出对消费行为的影响,塞勒提出了心理账户理论。① 1988年,塞勒和谢弗林发现不同的心理账户具有不同的消费倾向,而不同心理账户的资金不能自由转移,消费者通过将资金由消费倾向高的心理账户转入消费倾向低的心理账户而实现自我控制,他们在此基础上提出了行为生命周期理论。② 1999年,鲍温、莱因哈特和拉宾提出了具有损失规避的消费函数,分析了损失规避和参考点对消费决策的影响。③

一 心理账户

在进行消费决策时,人们总是将过去的投入和现在的支出加总起来作为总成本,以此衡量决策的后果,即消费者的决策受到沉没成本效应(sunk cost effect)的影响。塞勒首次提出了心理账户(mental accounting)的概念解释这一问题,认为一个可能的解释是前景理论,另一个可能的解释就是个体潜意识里存在的心理账户系统。塞勒发现,不同的财富之间是不能完全替代的,而且其边际消费倾向各不相同。④ 例如,一笔小的意外之财很快就会被挥霍掉,因此不同的财富组合将会对消费产生不同的影响。重新引入边际消费倾向问题,为解决内生消费的变动提供了新的研究方法。现实中的财富类型繁多,因而在构建理论模型时

---

① Thaler, Richard H., and Hersh M. shefrin, "An Economic Theory of Self-control," *Journal of Political Economy* 89 (1981): 392 – 410.

② Shefrin H. M., and Thaler R. H., "The Behavioral Life-cycle Hypothesis," *Economy Inquiry* 26 (1988): 609-643.

③ Bowman D., D. Minehart, and M. Rabin, "Loss Aversion in a Consumption-savings Model," *Journal of Economic Behavior Organization* 2 (1999): 155 – 178.

④ Thaler R. H., "Mental Accounting Matters," *Journal of Behavioral Decision Making* 12 (1999): 183 – 206.

难以考虑全部的财富类型。因此,谢弗林和塞勒引入了心理账户,用以描述人们管理财富的方法。[①] 为提高财富的利用效率,人们在内心存在若干个心理账户,不同财富被归入不同的账户,而财富在账户和账户之间不能自由流通,即流通的成本大于零。由于不同心理账户的心理约束不同,心理账户的存在必定会影响消费行为。卡尼曼和特维尔斯基在对"演出实验"进行分析时也使用了心理账户的概念,认为消费者在决策时根据不同的决策任务形成了相应的心理账户。[②] 他们对心理账户给出了一个较窄的定义,即心理账户是一个关于结果的框架:基本结果的集合以及这些基本结果结合在一起的方式,被作为中间或正常水平的参考状态。心理账户被定义为一个评价的框架,塞勒进一步扩展了这一定义,将心理账户定义为消费者在心理上对事件进行编码、分类和评价等全过程的描述。在心理账户中,人们使用价值函数对事件进行编码和评价,并据此做出决策。

对心理账户的研究主要从下面三个方面展开:一是人们如何感知和评价各种经济事务的结果以及怎样做出决策;二是如何把经济行为分配到各个具体、细微的心理账户中,资金的来源和使用既按实际情况分类,又按心理账户归类,消费被分配到不同的类别(如住房、食物等),不同类型的支出受到不同的预算约束;三是涉及对心理账户进行检查和评估的频率,即选择归集(choice bracketing)。

1. 对同一心理账户下财富变化的评价方式:前景理论

塞勒根据卡尼曼和特维尔斯基对前景理论的论述,分析了每一个账户

---

① Shefrin H. M., and Thaler R. H., "The Behavioral Life-cycle Hypothesis," *Economy Inquiry* 26 (1988): 609 – 643.

② Tversky A., and Kahneman D., "The Framing of Decisions and the Psychology of Choice," *Science* 211 (1981): 453 – 458.

下财富变化的评价方式。① 塞勒指出，在确定性条件下，仍然可以使用风险条件下得到的价值函数的特性，个人会采取能带来更大幸福感的方式评价心理账户，② 消费者为获得效用最大化而对不同收益和损失进行评价的四个原则是：第一，分离收益（因为收益函数是凹的），即将各次收益分别进行评价，以（Δx，Δy）这样的两次情形为例，当 $\Delta x>0$ 和 $\Delta y>0$ 时，$v(\Delta x+\Delta y)<v(\Delta x)+v(\Delta y)$，则两次收益的最终价值为 $v(\Delta x)+v(\Delta y)$。第二，合并损失（因为损失函数是凸的），即将各次损失加总后再予以评价，当 $\Delta x<0$ 和 $\Delta y<0$ 时，$v(\Delta x+\Delta y)>v(\Delta x)+v(\Delta y)$，两次损失的最终价值为 $v(\Delta x+\Delta y)$。第三，合并小的损失和大的收益，当 $\Delta x>0$ 和 $\Delta y<0$，且 $|\Delta x|>|\Delta y|$ 时，$v(\Delta x+\Delta y)>v(\Delta x)+v(\Delta y)$，小损失和大收益的最终价值为 $v(\Delta x+\Delta y)$，即当面临大收益和小损失时，人们更倾向于将两者合并起来进行评价，这样可以忽略损失所带来的负效用。第四，分离小的收益和大的损失（因为原点处的收益函数最为陡峭，小收益的效用大于轻微减少的大损失所获得的效用），即当 $\Delta x>0$ 和 $\Delta y<0$，且 $|\Delta x|<|\Delta y|$ 时，$v(\Delta x+\Delta y)<v(\Delta x)+v(\Delta y)$，小损失和大收益的最终价值为 $v(\Delta x)+v(\Delta y)$，人们乐于将小收益从大损失中分离出来进行评价，在遭受损失时给自己一点安慰。

2. 将不同收入与支出进行分类并归入不同的心理账户

卡尼曼和特维尔斯基将心理账户划分为三种形式：最小账户

---

① Thaler R. H., "Mental Accounting and Consumer Choice," *Marketing Science* 3 (1985): 199 – 214. Thaler R. H., "Mental Accounting Matters," *Journal of Behavioral Decision Making* 12 (1999): 183 – 206.

② Thaler, Richard, "Toward a Positive Theory of Consumer Choice," *Journal of Economic Behavior and Organization* 1 (1980): 39 – 60.

(minimal account)、专门账户（topical account）、综合账户（comprehensive account）。① 最小账户仅比较两个备选项的差异，完全不考虑它们的共同特征；专门账户会将某一可能选择的后果与参考水平进行比较；综合账户则合并了当前财富、未来收入，以及其他拥有物的可能产出等所有其他因素。塞勒将心理账户分为三个层次：第一，支出被分为不同的预算（如食物、住房等）；第二，财富被分配到不同的账户［如支票、退休金、为未来的意外支出进行的储备（rainy day）等］；第三，收入被归入不同的类别（如持久收入、意外收入等）。② 如果像传统经济学所假设的那样，资金在各账户之间可以完全自由转换，则上述分类将变得没有意义，正因为它们不能自由转换，所以账户分类才变得重要。

（1）消费归类（consumption categories）

消费者会把不同的支出编入不同的预算，这样做有两个目的：一是预算过程可以更好地平衡不同支出之间的竞争；二是其可以作为一种自我控制的机制。预算越紧，预算规则就越详尽。处于贫困线附近的家庭使用更严格和更详细的预算，其时期也更短。

（2）财富账户

另一个实现自我控制的方式是把资金放入一个被"冻结"的账户，谢弗林和塞勒认为存在一个按照被诱惑的程度划分的账户等级体系，最容易被诱惑的账户属于当前资产（current asset），如手持现金和支票；较不易被消费的属当前财富（current wealth），如储蓄、股票、共同基

---

① Kahneman, Daniel, and Amos Tversky. "Choices, Values and Frames," *American Psychologist* 4 (1984): 341-350.

② Thaler R. H., "Mental Accounting Matters," *Journal of Behavioral Decision Making* 12 (1999): 183-206.

金等；另一个相邻的等级属于家庭资产（home equity），尽管以家庭资产为抵押的贷款的出现减弱了其神圣程度，但大多数家庭还是计划在退休时还清所有抵押贷款，而实际上多数也都成功了；最不易被使用的属于未来收入（future income），如人力资本和退休金。① 这一结论与生命周期理论有很大区别，谢弗林和塞勒以此为基础，进一步建立了行为生命周期理论。

（3）收入账户（income accounting）

奥柯里（O'Curry）研究了不同收入来源的影响。② 首先，她让受试者判断各种收入来源的重要性，如办公室同事间因足球赛打赌而赢的钱是无关紧要的，而因退税获得的收入则很重要，在外面吃一顿不重要，而付租金就很重要。随后，她要求受试者回答得到一笔意外收入后会怎么支配，结果显示：人们对意外收入的重视程度与其来源的重要性是一致的。库曼（Kooreman）研究了从荷兰政府领取儿童津贴的家庭的消费行为，发现花费在儿童衣服上的支出对领取的儿童津贴非常敏感。③ 普瑞雷克和罗文斯坦（Prelec and Loewenstein）、古维尔和索曼（Gourville and Soman）④ 发现消费者具有支付隔离（payment decoupling）的倾向，即将支付行为和消费行为隔离开，使得消费的边际成本为零，如自助

---

① Shefrın H. M., and Thaler R. H., "The Behavioral Life-cycle Hypothesis," *Economy Inquiry* 26 (1988): 609–643.

② O'Curry, S., *Income Source Effects*, unpublished working paper, DePaul University, 1997.

③ Kooreman P., "The Labeling Effect of a Child Benefit System," unpublished working paper, University of Groningen, 1997.

④ John T. Gourville, and Dilip Soman, "Payment Depreciation: The Behavioral Effects of Temporally Separating Payments from Consumption," *Journal of Consumer Research* 2 (1998): 160–174.

餐、俱乐部的年票与信用卡制度等。①

3. 对心理账户评价的频率：选择归集

新古典理论假设一生中所有财富累加后被统一规划使用，实际上对财富的核算更类似于企业的日常财务核算过程，人们按照不同人生阶段不断地重复评价自己所拥有的财富。心理账户下财富的变化是发生在不同时期的，假设某人在第一期和第二期都获得一笔收入，如果他每期评价一次自己的心理账户，则他的总效用为 $v(\Delta x) + v(\Delta y)$；如果此人每两期评价一次自己的心理账户，则其所获得的总效用为 $v(\Delta x + \Delta y)$，这两种评价方式所获得的总效用显然是不相同的。因此，在跨期条件下评价心理账户的时间间隔不同，人们所获得的效用和做出的决策结果也不相同。

不同的人对心理账户的评价频率也不相同，例如，低收入者面临很强的预算约束，为避免收支情况出现失控，需要频繁评价心理账户；而较高收入者受到的预算约束则比较宽松，对心理账户的评价频率要小得多。希思和瑟尔（Heath and Soll）的研究表明：绝大多数 MBA 学生的食物和娱乐预算期仅有一个星期，而衣服的预算期为一个月；当这些学生结束学业获得工作时，其预算规则发生了剧烈变化；当面临不同投资行为时，人们对心理账户评价的频率也不相同；股票投资者一天或几天时间内就会评估一次所购买股票的涨跌情况，而基金购买者则经过更长时期才会检查其投资的损益情况。② 另外，不同心理账户的评价频率也是不相同的。当前收入账户主要用于日常消费，对其进行评价的频率就

---

① D. Prelec, and G. Loewenstein, "The Red and the Black: Mental Accounting of Savings and Debt," *Marketing Science* 1 (1998): 4–28.

② C. Heath, J. B. Soll, "Mental Budgeting and Consumer Decisions," *Journal of Consumer Research* 1 (1996): 40–52.

比较高；当前资产账户由各种需变现才能消费的资产构成，对现时消费影响较小，其评价频率自然低一些；而未来收入账户中的财富在现时尚不能动用，其评价频率也就更低，仅当未来经济前景预期出现大的变动时，个人才会重新评价这部分财富。而在随机游走理论中，人们会根据每一期可预见到的未来收入变动决定当前消费的数额。

二 行为生命周期

塞勒通过引入远见、自我控制和习惯这三个心理特征修正了生命周期理论。[①] 1988年，塞勒和谢弗林以心理账户为基础，进一步提出了行为生命周期理论，认为消费者都具有双重偏好，在进行消费决策时，经常面临现在消费还是未来消费的两难选择，[②] 即消费者具有一对共生而又不一致的偏好，一个关注短期，倾向于尽可能多地进行眼前消费，另一个关注长期，追求一生效用最大化，愿意牺牲眼前消费为以后的消费进行储蓄，前一种偏好者被称为行动者，后一种偏好者被称为计划者。行动者都想及时行乐，尽可能多地享受眼前的消费而不考虑未来的消费。计划者关心未来消费，尽力通过自我控制，以意志力来抵抗当前消费的诱惑。

行为经济学中的心理账户有三种划分方法。一是按照财富的来源划分，如工资、奖金、股利和意外之财等，每一笔新得到的收入都会被归入相应的心理账户；二是按照财富的用途划分，如衣食住行、教育医疗等；三是按照财富的诱惑程度划分，谢弗林和塞勒在研究自我控制问题

[①] Thaler R. H., "Mental Accounting and Consumer Choice," *Marketing Science* 3 (1985): 199-214.

[②] Shefrin H. M., and Thaler R. H., "The Behavioral Life-cycle Hypothesis," *Economy Inquiry* 26 (1988): 609-643.

内生消费、消费行为和消费增长

(self-control) 时提出了该方法,① 即将财富按诱惑程度分为三个账户:当前可支配收入账户 (I),包括现金、信用卡、支票等便于使用的财富;当前资产账户 (A),如储蓄、股票、房产等,除非到了关键时刻,人们不会将此类财富消费掉;未来收入账户 (F),如人力资本和养老金收入等未来可得到的财富。此时,消费函数的形式为 $c = f(I, A, F)$,并且满足 $1 \approx \partial c/\partial I > \partial c/\partial A > \partial c/\partial F \approx 0$,即当前可支配收入账户的边际消费倾向接近 1,未来收入账户的边际消费倾向接近零。如果由于某些原因,将 I 中的部分资金转入 A 或 F,则消费将会下降。

塞勒用心理账户解决行动者和计划者的偏好不一致问题,根据不同财富的来源和形式,将其分为不同心理账户,而不同的心理账户具有不同的边际消费倾向。利用心理账户的这些特点,就可以解决计划者与行动者目标不一致的问题。计划者可通过外部强制机制,降低行动者可以获得的消费集合 X,使其选择符合一生效用的最大化,如养老金制度,计划者每月从当前收入账户中转移固定数额的钱到未来收入账户上,用于退休以后的消费,以此降低消费者的心理成本。下面以数学公式表示行动者和计划者的行为,假定一生有 T 期,具有完善的资本市场,而且实际利率为零,则一生收入为 $y = (y_1, y_2, \cdots, y_T)$,总消费为 $c = (c_1, c_2, \cdots, c_T)$,一生财富为 $LW = \sum_{t=1}^{T} y_t$,预算约束为 $\sum c_t = LW$。用 c_t 表示行动者在第 t 期的消费,$U_t(c_t)$ 表示第 t 期的效用,X_t 表示第 t 期可行的消费集合,行动者选择最大化的 c_t 以使其当期效用 $U_t(c_t)$ 最大。而计划者关心一生效用的最大化,会通过意志力减少现期消费,这将使计划者感到痛苦,这就是自我控制的心理成本,为一个负

---

① Thaler, Richard H., and Hersh M. shefrin, "An Economic Theory of Self-control," *Journal of Political Economy* 89 (1981): 392–410.

效用,用 W_t 表示,其会部分抵消由消费产生的正效用。计划者的效用函数 Z_t 由两部分组成,即 $Z_t = U_t + W_t$,U_t 表示从当期消费中得到的快乐,W_t 代表用意志力抑制当期消费产生的痛苦,计划者会选择最小的心理成本 W_t 以使其效用 Z_t 达到最大。

双自我模型是行为消费理论中一个较为经典的分析框架,弗登伯格和列文(Fudenberg and Levine)使用双自我模型对决策形成过程进行了更为解析化与动态化的描述。[1] 个体同时具有关注长期利益的计划者和关注短期利益的行为者两种人格,决策过程是计划者与各期行为者进行博弈的过程,计划者与行动者的博弈过程可分为两步:第一步,计划者做出某种控制措施(首先支付一定的成本作为约束条件),为行动者设定某种效用函数;第二步,行动者根据该效用函数做出最优决策。在该模型中,两种人格力量之间的影响是单向的,即只有计划者可以通过改变其效用函数和预算约束来控制行动者,行动者只能接受控制而无法对计划者的控制做出反击。

财富之间的不完全替代性是消费者实现自我控制的前提。在持久收入/生命周期理论中,为便于求出跨期效用最大化的解,必须设定消费者的各种收入或资产之间是可以自由替代的,即各种形式的财富对消费的影响是无差异的,消费者所拥有的各种财富的边际消费倾向都相同。初始资产、当期收入和未来收入的现值直接加总为消费者一生资源的总和,作为其预算约束的上限。然而在现实中,消费者对不同类型财富的态度存在很大差异。以住房资产为例,作为消费者财富的组成部分,虽然占有很大的比重,但其边际消费倾向很低,住房价格的变动几乎不影

---

[1] Fudenberg D., and Levine D. K., "A Dual-self Model of Impulse Control," *American Economic Review* 96 (2006): 1449–1476.

响消费。作为必需品，无论住房价格涨到什么水平，消费者也不能将其变现，因为卖掉房子后，可能还要花费更多去购买另一套住房用于居住。

三 具有损失规避的消费函数

在以心理账户和行为生命周期为基础的消费研究中，虽然考虑了参考点和损失规避的作用，但是在建立消费模型时忽略了这一心理特征。鲍温等人则将损失规避引入了消费函数，分析了参考点以下的消费对决策行为的特殊影响。[①] 他们首先引申了卡尼曼和特维尔斯基对损失规避的定义，在其基础上给出了一个更严格的损失规避定义，即当 $x<0<y$ 时，$v'(x) > v'(y)$，也就是说，在损失区域的价值函数的斜率大于收益区域。随后，他们设定了一个只有两期的消费决策框架，分别讨论了确定性条件下和第二期存在不确定性时的消费决策行为。其结论为，当未来收入存在不确定性时，消费者总是尽力满足其参考点以下的消费，即使当期收入暂时低于参考点水平，消费者也会通过借贷行为满足参考点以下的消费，如果同时受到较强的流动性约束，则消费者将耗尽当期全部收入，而没有储蓄行为。这一模型很好地解释了低收入居民很少储蓄，而绝大多数储蓄属于高收入居民的现象，也在最优化的分析框架内证明了居民消费行为的两阶段性，即存在一个阈值，消费者总是尽力满足阈值以下的消费，只有消费在阈值之上时才会考虑储蓄问题。这既间接证明了自发消费的存在，又说明了平均消费倾向与边际消费倾向代表不同的居民消费行为模式。

[①] Bowman D., D. Minehart, and M. Rabin, "Loss Aversion in a Consumption-savings Model," *Journal of Economic Behavior Organization* 2 (1999): 155–178.

卡尼曼和特维尔斯基的实验显示，损失规避的比率（损失的边际效用除以收益的边际效用）约为2，即使对于极小的损失与收益，这一比率也严格大于1。① 鲍温、莱因哈特和拉宾将这一特性作为价值函数的性质。②

$$\lim_{x \to 0} \frac{v'(-x)}{v'(x)} \equiv L > 1 \qquad (3-12)$$

即价值函数在参考点上的斜率是不连续的。根据卡尼曼和特维尔斯基的实验结论，鲍温等人进一步提出了：对于所有的 $0 \leq p \leq 1$，$x > 0$ 和 $y < 0$，如果存在 $px + (1-p)y = 0$，那么 $pv(x) + (1-p)v(y) < 0$ 成立。这一性质等价于当 $x > 0$，$y < 0$ 时，有

$$v'(y) > v'(x) ③ \qquad (3-13)$$

随后，鲍温等分析了参考点变动对消费决策的影响。由消费者对参考点变动的适应过程得出：当 $r > 0$，$y > 0$，$x < 0$ 时，有

$$v'(x) > w'(r) > v'(y) \qquad (3-14)$$

在此基础上，鲍温等人将损失规避应用于一个两期生命的消费函数中，分析了损失规避对消费者行为的影响。由于消费者的效用函数具有参考点依赖的性质，其效用水平不仅仅依赖于其当前消费的商品，还受到历史消费水平的影响，而且在参考点上下，消费的增减具有不同的影响，人们更

---

① A. Tversky, and D. Kahneman, "Advances in Prospect Theory: Cumulative Representation of Uncertainty," *Journal of Risk and Uncertainty* 5 (1992): 297–323.

② Bowman D., D. Minehart, and M. Rabin, "Loss Aversion in a Consumption-savings Model," *Journal of Economic Behavior Organization* 2 (1999): 155–178.

③ 对这一等价推广的证明可以参见鲍温、莱因哈特和拉宾（1999）。

关心参考点之下消费的减少。鲍温等人使用的效用函数为 $U(r, c) = w(r) + v(c-r)$，其中 r 为参考点，$w(\cdot)$ 为参考效用（reference utility），$v(\cdot)$ 为增益损失（gain–loss）效用函数。他们进一步对 $v(\cdot)$ 进行了标准化变换，规定当 $c=r$ 时，$v(0)=0$。假定消费者在一个两期环境下进行决策，第一期收入为 Y_1，第二期收入为 Y_2，且第二期收入不存在不确定性，假定 $P(Y_2 = Y_H) = p$，$P(Y_2 = Y_L) = 1-p$，且 $(Y_1+Y_H)/2 \geq r_1$；第一期消费为 c_1，第二期消费为 c_2，且 $c_1+c_2 = Y_1+Y_2$；第一期参考点为 r_1，第二期参考点为 $r_2 = (1-\alpha)r_1 + \alpha c_1$，为便于分析，假定利率和主观折现率都等于零。① 则消费者一生的总效用为

$$U(c_1, r_1; c_2, r_2) = w(r_1) + v(c_1 - r_1) + w(r_2) + v(c_2 - r_2)$$

(3–15)

用 $Y_1+Y_2-c_1$ 替代 c_2，用 $(1-\alpha)r_1+c_1$ 替代 r_2，则总效用函数为关于 c_1 的函数：

$$\begin{aligned}\max U(c_1) = & w(r_1) + v(c_1 - r_1) + w[(1-\alpha)r_1 + \alpha c_1] + \\ & pv\{Y_1 + Y_H - [(1-\alpha)r_1 + (1+\alpha)c_1]\} + \\ & (1-p)v\{Y_1 + Y_L - [(1-\alpha)r_1 + (1+\alpha)c_1]\}\end{aligned}$$

(3–16)

下面分 $(Y_1+Y_L)/2 \geq r_1$ 和 $(Y_1+Y_H)/2 \geq r_1 > (Y_1+Y_L)/2$ 两种情况，分别讨论第一期的最优消费选择：当 $(Y_1+Y_L)/2 \geq r_1$ 时，

---

① 此处比较的是当期储蓄导致的未来消费现值，在消费者一生消费水平一直保持在最优状态的条件下，如果利率等于折现率且两者都大于零，一单位储蓄在未来消费产生的效用的现值等于当期一单位消费产生的效用；如果折现率大于利率，则当期一单位储蓄在未来消费产生的效用小于当期一单位消费产生的效用。

如果 $c_1 < r_1$，那么

$$\frac{\partial U(c_1)}{\partial c_1} = v'(c_1 - r_1) + \alpha w'[(1-\alpha)r_1 + \alpha c_1] - p(1+\alpha)v'\{Y_1 +$$
$$Y_H - [(1-\alpha)r_1 + (1+\alpha)c_1]\} + (1-p)(1+\alpha)v'$$
$$\{Y_1 + Y_L - [(1-\alpha)r_1 + (1+\alpha)c_1]\} \qquad (3-17)$$
$$= \underline{\{v'(c_1 - r_1) - w'[(1-\alpha)r_1 + \alpha c_1]\}} + (1+\alpha)$$
$$\underline{\lfloor w'[(1-\alpha)r_1 + \alpha c_1] - v'\{Y_1 + Y_L - [(1-\alpha)r_1 + (1+\alpha)c_1]\}\rfloor} +$$
$$p(1+\alpha)\underline{\lfloor v'\{Y_1 + Y_L - [(1-\alpha)r_1 + (1+\alpha)c_1]\} - v'\{Y_1 + Y_H -}$$
$$\underline{[(1-\alpha)r_1 + (1+\alpha)c_1]\}\rfloor} \qquad (3-18)$$

分别证明（3-18）式三处画线算式大于零，只要总效用对第一期消费的导数大于零，就可以证明当 $c_1 < r_1$ 时，消费者会选择不断增加 c_1 以最大化一生效用。当 $c_1 < r_1$ 时，$c_1 - r_1 < 0$，$(1-\alpha)r_1 + \alpha c_1 > 0$，由（3-16）式得 $v'(c_1 - r_1) - w'[(1-\alpha)r_1 + \alpha c_1] > 0$，即第一处画线算式大于零得证。由 $(Y_1 + Y_H)/2 \geq (Y_1 + Y_L)/2 \geq r_1$，不等式每一项都减去 $(1-\alpha)r_1 + (1+\alpha)c_1$ 可得

$$Y_1 + Y_H - [(1-\alpha)r_1 + (1+\alpha)c_1] \geq Y_1 + Y_L - [(1-\alpha)r_1 + (1+\alpha)c_1] \geq (1+\alpha)(r_1 - c_1) > 0$$
$$(3-19)$$

由（3-17）式可得：$w'[(1-\alpha)r_1 + \alpha c_1] - v'\{Y_1 + Y_L - [(1-\alpha)r_1 + (1+\alpha)c_1]\} > 0$，即第二处画线算式为正。由边际效用递减规律可得

$$v'\{Y_1 + Y_L - [(1-\alpha)r_1 + (1+\alpha)c_1]\} - v'\{Y_1 + Y_H - [(1-\alpha)r_1 + (1+\alpha)c_1]\} > 0$$
$$(3-20)$$

内生消费、消费行为和消费增长

可证明第三处划线算式为正。所以 $\partial U(c_1)/\partial c_1 > 0$，即要想使效用在 c_1 处达到最大化，只有 $c_1 \geq r_1$。对于第二种情况，当 $(Y_1 + Y_H)/2 \geq r_1 > (Y_1 + Y_L)/2$ 时，消费者具有相同的消费行为，即使第一期收入小于参考点支出，消费者也会尽力使消费接近参考点水平，因证明过程与此雷同，故略去。

由上述结论可知，当存在收入不确定时，消费者将会尽力避免当期消费低于参考点水平，即使当第一期收入 Y_1 小于参考点时，消费者也将尽可能增加第一期消费以使一生总效用不断增加，其增加幅度取决于消费者面临的流动性约束强度，但是肯定不会存在储蓄行为。当平均每期的收入高于参考点时，不确定性增加会导致储蓄增加，当平均每期收入低于参考点时，不确定性增加会导致储蓄减少。鲍温等人还证明了不存在收入不确定性的情况，此时消费者将会平均分配自己一生收入用于每一期的消费。由于直接采用分段的效用函数建立消费模型存在技术上的困难，将损失规避应用与消费行为分析的努力多数限于建立两阶段的消费函数，在实证方面也存在不少困难。

埃森曼（Aizenman）研究了损失规避行为对缓冲储备和预防性储蓄的影响，[1] 他定义了一个具有损失规避特征的隐函数形式的效用函数：

$$V(\beta;\{x_s\}) = \int u(x)f(x)dx - \beta \int_{\mu > x}[u(\mu) - u(x)]f(x)dx \quad (3-21)$$

其中，μ 为与目前收入具有相同效用的无风险收入，β 为损失规避系数，$f(x)$ 为收入的概率密度函数，函数中的第二项为消费者意识到收

---

[1] Joshua Aizenman, "Buffer Stocks and Precautionary Savings with Loss Aversion," *Journal of International Money and Finance* 17 (1998): 931–947.

入小于 μ 时需要的效用补偿，进一步简化可得：$V(\beta;\{x_s\}) = \mathrm{E}[u(x)] - \beta \mathrm{E}[u(\mu) - u(x) \mid \mu > x] P(\mu > x)$。随后他设定了一个只有 x_1 和 x_2 （而且 $x_1 > x_2$）两种收入的简单情况，获得每种收入的概率，分别为 α 和 $1-\alpha$，上述定义可以表示为

$$V(\beta) = \alpha u(x_1) + (1-\alpha) u(x_2) - \beta(1-\alpha)[V(\beta) - u(x_2)] \tag{3-22}$$

从中解出 $V(\beta)$，就可得到具有损失规避的效用函数的显式解：

$$V(\beta) = \frac{\alpha}{1+(1-\alpha)\beta} u(x_1) + \frac{(1-\alpha)(1+\beta)}{1+(1-\alpha)\beta} u(x_2) \tag{3-23}$$

其中，$1+\beta$ 即损失规避系数，当 $\beta = 0$ 时，该函数变为普通的期望效用函数；当 $\beta > 0$ 时，该函数则为具有损失规避的效用函数。

假定一个生命只有两期的消费者，其第一期和第二期的预算约束为 $c_1 = x_1 - S$，$c_2 = x_2 + S(1+r)$，一生效用为 $U = u(c_1) + \frac{V_2(\beta)}{1+\delta}$，假设第二期各以 0.5 的概率获得高的和低的收入，即 $x_2 = \begin{cases} \bar{x} - \sigma, & P = 0.5 \\ \bar{x} + \sigma, & P = 0.5 \end{cases}$，则该消费者一生效用可表示为

$$U = u(x_1 - S) + 0.5 \frac{u[\bar{x} + S(1+r) + \sigma] + (1+\beta) u[\bar{x} + S(1+r) - \sigma]}{(1+\delta)(1+0.5\beta)} \tag{3-24}$$

（3-24）式对储蓄求一阶导数，并且在 $\sigma = 0$ 附近采用泰勒级数的二阶展开，可得

$$\mathrm{d}S = \frac{\frac{0.5\beta}{1+0.5\beta}\sigma + 0.5 \frac{u'''[\bar{x} + S(1+r)]}{u'[\bar{x} + S(1+r) + \sigma]}\sigma^2}{A_1 + (1+r) A_2} \tag{3-25}$$

其中，A_i 为第 i 期的绝对风险厌恶系数。埃森曼由此得出结论：当不存在损失规避时，（3-25）式与利兰德[①]和桑德姆[②]的结果是一样的，未来风险对预防性储蓄的影响由边际效用函数的凹性决定；当存在损失规避时，边际效用函数的凹性仅仅起到次要作用（仅与未来收入变动的系数成比例），而损失规避将起到决定性作用（与未来收入变动的平方的系数成比例）。由于参考点对效用水平具有巨大影响，下面本研究将分析影响消费者参考点变动的因素。

第四节 参考点和消费习惯

前景理论中的价值函数和期望效用理论中的效用函数的最大不同就是参考点的存在，即价值函数在某处有一个拐点。实证研究表明，个体选择依赖现状或参考水平，人们在评价事物时，总是要与一定的参考物相比较，当对比的参考物不同时，即使是相同的事物，得到的结果差别也会比较大。所以，参考点是进行主观评价的标准，参考点的改变往往会导致偏好逆转。

一 参考点移动的影响

卡尼曼和特维尔斯基给出了如下三种参考点的设定形式：一是以现状或当前资产为参考点；二是以一个人期望获得的资产水平为参考点；

[①] Leland H. E., "Savings and Uncertainty: The Precautionary Demand for Saving," *Quarterly Journal of Economics* 82 (1968): 465-473.

[②] Sandmo A., "The Effect of Uncertainty on Saving Decisions," *Reviews of Economic Studies* 3 (1970): 353-360.

三是以资产为零作为参考点。① 当人们还未能适应新近财富的变化时，就会以期望的财富水平为参考点。例如，从月薪中扣除一项意料之外的税收时，将被作为一次损失经历，而不会被认为是收益的减少。对第三种情况，当行为人以最终的资产状态为决策依据，而不依据收益和损失进行决策时，其财富参考点实质上被设定为零。损失和收益的程度更多地依赖于参考点的位置，参考点的位置不同，收益或损失就会发生变化，进而影响其决策。因此，改变参考点的位置可以操纵人们的决策。在对人们决策编辑过程的一些试验中发现，当参考点发生变化时，发生了收益或损失的逆转。这是因为财富状况在很短的时间内发生了改变，而决策者一下子还不能适应。例如，一个人刚刚丢了 2000 元（视为损失），在面对确定的 1000 元收入和以 0.5 的概率获得 2000 元之间进行选择时，如果他还没有适应损失 2000 元后的财富状况，仍把原来的财富状况作为参考点，则那么他就会把该决策编码成（-1000，1）和（-2000，0.5；0，0.5）；如果按损失 2000 元后的财富状况作为参考点进行编码，该决策可被编码成（1000，1）和（2000，0.5；0，0.5）。对比而言，按照原来的参考点编码之后的前景比以现有财富为参考点的前景具有更强的风险偏好，即参考点的移动改变了对决策行为的偏好。

关于居民消费参考点的论述比较少，鲍温等人②沿用杜森贝利③的直觉假定，以居民生活标准为消费决策的参考点，在听到未来收入减少

---

① Kahneman D., and Tversky A., "Prospect Theory: An Analysis of Decision Under Risk," *Econometrica* 47 (1979): 263 - 291.
② Bowman D., D. Minehart, and M. Rabin, "Loss Aversion in a Consumption-savings Model," *Journal of Economic Behavior Organization* 2 (1999): 155 - 178.
③ 〔美〕杜森贝利：《所得、储蓄与消费者行为之理论》，台湾银行经济研究室，1968。

的坏消息时，人们拒绝降低生活标准，该假定与谢①的实证研究结果是一致的。在传统的关于消费习惯的文献中，由于改变习惯是痛苦的，当人们收到未来收入的坏消息时，总是缓慢地减少其消费；同样，当收到未来收入的好消息时，也会缓慢地增加其消费。在行为经济学文献中，由于存在损失规避行为，消费者面对损失时是风险偏好的，这意味着消费者宁愿承担在未来消费急剧下降的风险，也不愿意使当前消费处于参考点以下，即当收到未来的坏消息时，消费者拒绝改变其消费习惯。

鲍温等人借鉴有关消费习惯形成方面的研究，设定消费参考点移动的模式为 $r_2 = (1-\alpha)r_1 + \alpha c_1$，其中 $\alpha \in [0,1]$，r_1 为第一期的消费参考点，r_2 为第二期的参考点，c_1 为第一期的消费，α 代表消费对参考点移动的影响，如果 $\alpha = 0$，则第一期的消费对第二期的参考点没有影响；如果 $\alpha = 1$，则第二期的参考点完全由第一期的消费决定。② 下面简要回顾消费习惯形成方面的文献。

二 参考点移动的模式：习惯形成

所谓消费习惯，是指当期消费带来的效用和过去的消费水平有关，在当期消费水平一定时，历史消费的数量越多，当期消费的效用就会越小。也就是说，一个人过去的消费习惯会对当前效用产生影响。

---

① John Shea, "Myopia, Liquidity Constraints, and Aggregate Consumption: A Simple Test," *Journal of Money, Credit and Banking* 3 (1995): 798 – 805. Shea, John, "Instrument Relevance in Linear Models: A Simple Measure," *Review of Economics and Statistics* 2 (1997): 348 – 352.

② Bowman D., D. Minehart, and M. Rabin, "Loss Aversion in a Consumption-savings Model," *Journal of Economic Behavior Organization* 2 (1999): 155 – 178.

最早将习惯因素引入消费函数的当属杜森贝利,他认为消费习惯一旦形成就难以很快改变,消费不仅取决于当前收入,而且受到过去消费的影响。因此,当收入减少时,消费不会立即随之下降,当收入增加时消费也不会马上随之上升。波莱克(Pollack)在论文中将消费习惯分为短期和长期,并分别定义。[①] 短期消费习惯的定义式为

$$b_{it} = b_i^* + \beta_i x_{i,t-1}, \quad 0 \leq \beta_i < 1 \tag{3-26}$$

其中,b_{it} 是第 t 期对第 i 个消费品的消费习惯,$x_{i,t-1}$ 是第 $t-1$ 期对第 i 个消费品的消费量,β_i 是第 i 个消费品的"习惯系数",b_i^* 是维持生存所必需的第 i 个消费品的需求量。β_i 越大,商品 i 的历史消费水平对当前的消费习惯影响就越大。将(3-26)式进行一般化处理,得到长期消费习惯的表达式

$$b_{it} = b_i^* + \beta_i(1-\delta)\sum_{j=0}^{t}\delta^j x_{i,t-1-j} \tag{3-27}$$

其中,δ 是记忆系数,$0 \leq \delta < 1$,对所有商品都相同。长期消费习惯包含了第 t 期之前所有各期的消费水平信息,距离第 t 期越远(j 越大),对当前消费习惯的影响就越小(δ^j 越小)。不同于波莱克按离散时间对消费习惯的定义,赖德和黑尔(Ryder and Heal)从连续时间的角度定义了消费习惯,[②] 将消费习惯表示为

$$z(t) = \rho e^{-\rho t}\int_{-\infty}^{t} e^{\rho\tau}c(\tau)\mathrm{d}\tau \tag{3-28}$$

---

① Pollak R. A., "Habit Formation and Dynamic Demand Functions," *The Journal of Political Economy* 4 (1970): 745–763.

② Harl E. Ryder, Jr. and Geoffrey M. Heal, "Optimal Growth with Intertemporally Dependent Preferences," *The Review of Economic Studies* 1 (1973): 1–31.

其中，$\rho>0$ 为惯性系数，$c(\tau)$ 是第 τ 期人均消费的平均水平，变量 $z(t)$ 是过去消费水平的加权平均，离现在的时间越远，权重呈幂指数下降越快，对当前消费习惯 $z(t)$ 的影响程度就越小，反之亦然。

前面是对消费习惯的早期定义，后来学者大多通过修正赖德和黑尔的方法来定义消费习惯。桑德瑞森（Sundaresan）[①] 定义消费习惯 z_t 是由基期（$s=0$ 时）到第 t 期（$s=t$ 时）消费水平的加权平均：

$$z_t = z_0 + \int_0^t e^{\beta(s-t)} c_s \mathrm{d}s \qquad (3-29)$$

其中，β 为惯性系数，同赖德和黑尔定义式中 ρ 的含义一样，z_0 表示基期的消费水平。桑德瑞森用习惯形成解释了消费平滑之谜，直观上，由于习惯进入投资者的效用函数，投资者的当前消费不能及时调整以达到最优化，最终使得消费要相对平滑一些。康斯坦丁尼德斯（Constantinides）在桑德瑞森定义的基础上，添加了历史消费权重这一参数，[②] 表示为

$$x(t) = e^{-at} x_0 + b \int_0^t e^{a(s-t)} c(s) \mathrm{d}s \qquad (3-30)$$

其中，x_0 表示基期的消费水平，e^{-at} 是基期消费水平的权重，距离当前的时间越久远，基期的权重越小，对当前消费习惯的影响就越小。a 是惯性系数，b 为历史消费权重，b 越大，习惯形成的权重就越大，同波莱克长期消费习惯定义中 δ^j 的作用相同。也就是说，康斯坦丁尼德斯定义的消费习惯形式是吸收了前面两种消定义的长处而形成的。

[①] S. M. Sundaresan, "Intertemporally Dependent Preferences and the Volatility of Consumption and Wealth," *Review of Financial Studies* 1 (1989): 73–89.

[②] George M. Constantinides, "Habit Formation: A Resolution of the Equity Premium Puzzle," *Journal of Political Economy* 3 (1990): 519–543.

康斯坦丁尼德斯利用消费习惯,从理论上推导出代表性经济人相对风险厌恶系数和消费的跨时替代弹性的取值范围,能较好地与实际吻合。

在20世纪80年代以后,消费的"过度敏感性"和"过度平滑性"现象揭示了理性预期生命周期理论与现实的矛盾,部分学者开始从习惯形成的角度分析其失败的原因。卡罗尔等人指出,如果消费者的偏好具有惯性,当持久收入受到冲击时,家庭对消费的调整将是缓慢的,由此则可以解释消费与滞后收入相关的现象。[1] 还有一些学者实证分析了预防性储蓄和习惯的形成,戴南利用对数线性欧拉方程估计了收入不确定性和前一期消费对现期消费的影响。[2] 迪顿指出,受到习惯影响的消费行为类似于谨慎导致的消费行为,习惯的影响越大,消费者的储蓄动机就越强烈。[3] 因为习惯形成导致消费是刚性的,即消费者希望消费水平只升不降。为保证本期消费始终大于上期消费,理性的消费者总是适当减小持久收入的边际消费倾向。因此,习惯的影响越大,消费者就会积累越多的财富,收入不确定性对消费的影响也就越小。

我国学者也建立了一些包含习惯形成的消费模型。龙志和、王晓辉、孙艳选择我国某城市1999~2001年住户调查中食品消费的面板数据,估计了一个包含习惯形成过程的消费模型,结论是城镇居民的消费习惯对

---

[1] Carroll C., Overland J. and Weil D., "Saving and Growth with Habit formation," *American Economic Review* 3 (2000): 341-355.

[2] Dynan K., "Habit Formation in Consumer Preferences: Evidence from Panel Data," *American Economic Review* 90 (2000): 390-406.

[3] 〔美〕安格斯·迪顿:《理解消费》,胡景北、鲁昌译,上海财经大学出版社,2003。

食品消费行为具有显著影响,而财产对食品消费行为的影响不大。① 杭斌选择中国 1992~2005 年 25 个省份的农村住户调查数据,研究了包含习惯形成的农户缓冲储备行为,发现习惯形成和收入不确定性都会显著影响中国农户的消费行为,而且消费习惯可以提高家庭的财富目标。②

第五节 本章小结

随着人类对经济行为认识的不断深入,阿莱悖论等期望效用理论不能解释的"异象"逐渐引起人们对期望效用理论的质疑,卡尼曼和特维尔斯基进行了一系列心理实验,研究了风险条件下的个体选择,发现了确定性效应、反射效应、或然性保险、分离效用等不符合期望效用理论的现象,进而提出了前景理论,以替代期望效用理论。前景理论把人们的选择过程分成两个阶段:编辑阶段和评价阶段。在编辑阶段,决策者将给定前景的表述简单化;在评价阶段,决策者通过价值函数和决策权重函数对每个被编辑过的前景进行评价,从而选出价值最高的前景。人们对价值的感受不是财富或福利的最终状态,而是其改变,人们通过价值函数评价每个被编辑过的前景,面对收益时价值函数是凹的,面对损失时价值函数是凸的,且损失区域比收益区域陡峭。

随后,前景理论被大量应用于和风险相关的诸多领域,与消费理论结合所形成的行为消费理论也迅速发展,其中塞勒将心理账户与生命周

---

① 龙志和、王晓辉、孙艳:《中国城镇居民消费习惯形成实证分析》,《经济科学》2002 年第 6 期。

② 杭斌:《习惯形成下的农户缓冲储备行为》,《经济研究》2009 年第 1 期。

期理论相结合形成的行为生命周期理论影响最为广泛。其对心理账户的研究主要从三个方面展开：一是人们如何感知和评价各种经济事务的结果以及怎样做出决策；二是人们如何把经济行为分配到各个具体、细微的心理账户中；三是人们对心理账户进行检查和评估的频率。行为生命周期理论认为消费者具有双重偏好：一个关注短期，倾向于尽可能多地进行眼前消费；另一个关注长期，追求一生效用最大化，愿意牺牲眼前消费，为以后的消费进行储蓄。前一种偏好者被称为行动者，后一种偏好者被称为计划者，行动者都想及时行乐，尽可能多地享受眼前的消费而不考虑未来的消费；计划者关心未来消费，尽力通过自我控制，以意志力来抵抗当前消费的诱惑。不同心理账户具有不同的边际消费倾向，而且不同心理账户内的资金无法自由转换，消费者正是通过事先设定的约束机制，将一部分资金转入消费倾向低的心理账户，以实现自我控制。

由于该理论未能充分体现消费行为的损失规避特征，鲍温、莱因哈特和罗宾又提出了具有损失规避的消费函数。当存在收入不确定时，具有损失规避的消费者会尽力避免当期消费低于参考点水平。当平均每期收入高于参考点时，不确定性增加会导致储蓄增加；当平均每期收入低于参考点时，不确定性增加会导致储蓄减少。行为生命周期理论重新讨论了边际消费倾向问题，认为不同心理账户具有不同的边际消费倾向，消费者通过财富在不同心埋账户之间的转移实现对消费支出的自我控制。具有损失规避的消费函数分析了参考点对消费行为的影响，在最优化分析框架下证明了消费行为的两阶段性，从而为区分平均消费倾向和边际消费倾向建立了理论基础。随着行为经济学的兴起以及行为消费理论的发展，心理账户、损失规避、参考点等心理因素对消费的影响正逐渐引起人们的重视，以此为视角的研究也更为有力地解释了居民消费决策过程和消费倾向的巨大差异，为促进消费内生增长提供了新的研究思路。

第四章　损失规避与消费函数的两阶段性

和高收入居民相比，低收入居民具有更强的流动性约束，其收入来源也更不稳定，进行预防性储蓄的动机也更强。然而，从居民住户调查数据看，低收入居民几乎没有储蓄，大部分储蓄属于高收入居民，现有消费理论无法解释这一现象。由于处于主流地位的新古典消费理论采用了"代表性消费者"的分析方法，不同收入层次居民消费行为的差异被忽略了，这一问题长期以来没有得到重视。实质上，从凯恩斯提出消费函数理论开始，就不断有学者论及消费行为的两阶段性，即"只有收入超过某一特定水平时，居民才开始储蓄"。在凯恩斯消费函数中，居民消费行为的两阶段性具体表现为自发消费的存在，即存在一个不依赖收入水平的最低消费支出。而随后研究跨期消费选择的持久收入/生命周期理论则忽略了自发消费的存在，更没有考虑最低生活支出的变动对消费决策的影响。

现有行为生命周期理论强调了自我约束、心理账户、框架效应三大心理因素对消费者决策的影响，却忽略了损失规避的作用，也忽略了心理账户中不同支出对消费决策的影响，只考虑了心理账户中按收入来源进行分类所建立的不同账户。由于人类需求具有层次性，基本生活需求对消费决策有特别重要的影响，人们进行消费决策时总是首先从收入中扣除满足基本生活需要的支出，对剩余部分才考虑是否储蓄以及储蓄多少等问题，即消费支出也可以分为两个不同的心理账户，一个用于满足基本生活需求，另一个用于满足更高层次的需求。

第一节　具有损失规避的消费函数

一　关于居民消费行为两阶段性的文献回顾

在《就业、利息和货币通论》中，凯恩斯曾提出："满足人们及其家庭的现行基本生活需要通常比积累具有更强的动机。只有在达到一定的舒适程度以后，积累的动机才会较强。"即现期的基本生活需要对消费者有特别的意义，居民总是在满足其基本生活需要以后才开始储蓄。穆斯格鲁夫（Musgrove）在研究收入分配对消费的影响时，把人们的收入分为生存收入（subsistence needs）和在此之上的超额收入两部分。[①] 设定当收入小于生存收入时，居民消费倾向为1，此时收入差距不影响消费；当收入大于生存收入时，居民开始储蓄，收入差距开始影响消费。随后按人均收入500美元将研究中的国家分为两组，实证发现：人均收入在500美元以下的低收入国家组的收入差距不影响总消费；人均收入在500美元以上的高收入国家组的收入差距影响总消费。

门德尔松和阿米胡德（Mendelson and Amihud）利用效用函数分析了最优消费和储蓄问题，他们设当期消费的边际效用为 $U'(C_t)$，当期

---

① Musgrove, "Income Distribution and the Aggregate Consumption Function," *The Journal of Political Economy* 3 (1980): 504 – 525.

储蓄是为了以后的消费,则当期储蓄产生未来效用的现值为 $g'(S_t)$。①由欧拉方程可知,当 $U'(C_t) = g'(S_t)$ 时,总效用最大化,此时为最优消费和最优储蓄。在此基础上,迪顿以未来消费的边际效用为当期储蓄的边际效用,采用动态随机规划方法证明,具有流动性约束的消费者存在唯一的 x^*（x 为消费者手持现金量）,当 $x \leq x^*$ 时,$c = x$,消费者没有储蓄;当 $x \geq x^*$ 时,$c \leq x$,消费者开始储蓄,即消费函数是两阶段的。②

谢在使用美国1956~1988年的季度数据验证流动性约束和短视行为的影响时,发现两者都不是消费过度敏感的原因,消费对可预知收入的下降比上升更为敏感,当被迫降低生活标准时,即使微小下降,消费者也将承受巨大的精神损失,③ 其结论与行为经济学中的前景理论是一致的。卡尼曼和特维尔斯基通过实验提出了偏好的参考点依赖性质,其主要结论有以下三点:一是大多数人在面临收益时是风险厌恶的;二是大多数人在面临损失时是风险喜好的;三是人们对损失比对收益更敏感。④ 鲍温等、艾森曼利用该理论研究了消费问题,设定的效用函数是,当消费大于参考点时,

---

① Mendelson H., and Y. Amihud, "Optimal Consumption Policy Under Uncertain Income," *Management Science* 28 (1982): 683 – 697.

② Deaton A., "Saving and Liquidity Constraints," *Econometrica* 59 (1991): 1221 – 1248.

③ John Shea, "Myopia, Liquidity Constraints, and Aggregate Consumption: A Simple Test," *Journal of Money, Credit and Banking* 3 (1995): 798 – 805.

④ Kahneman D., and Tversky A., "Prospect Theory: An Analysis of Decision Under Risk," *Econometrica* 47 (1979): 263 – 291. A. Tversky, and D. Kahneman, "Loss Aversion in Riskless Choice: A Reference – Dependent Model," *The Quarterly Journal of Economics* 4 (1991): 1039 – 1061. A. Tversky, and D. Kahneman, "Advances in Prospect Theory: Cumulative Representation of Uncertainty," *Journal of Risk and Uncertainty* 5 (1992): 297 – 323.

其效用被视为一种收益；当消费小于参考点时，其效用被视为一种损失，此时减少消费损失的效用大于增加储蓄所获得的效用。① 在参考点上下，具有不同的效用函数，消费函数表现为两阶段性。

二 损失规避与消费函数的两阶段性

卡尼曼和特维尔斯基所给出价值函数的主要特点有以下三个方面：一是人们对价值的衡量依靠财富或福利的改变而不是它们的最终状态，并且以对参照点的偏离程度为标准，向收益和损失的偏离呈反射形状；二是大多数人在面临获得时是风险厌恶的，而面临损失时是风险喜好的；三是人们对损失比对获得更敏感，损失一笔钱所引起的烦恼要大于获得同样数目的一笔收入所带来的快乐，这也被称为损失规避。他们对损失规避的定义是，当 $x>0$ 时，$v'(x) < v'(-x)$。卡尼曼和特维尔斯基卡尼曼的实证显示，价值函数 $v(\cdot)$ 在参考点以下部分的边际效用为参考点以上部分边际效用的两倍，即参考点以下一单位的损失需要参考点以上两单位的收益来补偿。② 该实验还显示，对于任意微小的损失和收益，损失规避的比率都严格大于1。鲍温等人通过讨论进一步扩展了价值函数的这一性质，③ 对损失规避给出了更严格的定义：损失的

---

① Bowman D., D. Minehart, and M. Rabin, "Loss Aversion in a Consumption-savings Model," *Journal of Economic Behavior Organization* 2 (1999): 155-178. Joshua Aizenman, "Buffer Stocks and Precautionary Savings with Loss Aversion," *Journal of International Money and Finance* 17 (1998): 931-947.

② A. Tversky, and D. Kahneman, "Advances in Prospect Theory: Cumulative Representation of Uncertainty," *Journal of Risk and Uncertainty* 5 (1992): 297-323.

③ Bowman D., D. Minehart, and M. Rabin, "Loss Aversion in a Consumption-savings Model," *Journal of Economic Behavior Organization* 2 (1999): 155-178.

边际效用处处大于收益的边际效用,即对于所有的 $x \geq 0$ 和 $y < 0$,都存在 $v'(y) > v'(x)$。①

由于卡尼曼和特维尔斯基在分析中将参考点设定为固定不变的值,效用仅取决于对参考点的偏离量,鲍温等人进一步对 $v(\cdot)$ 进行了标准化变换,规定当 $c = r$ 时,$v(0) = 0$,使用 $U(r, c) = w(r) + v(c - r)$ 代表消费者的效用函数,其中 r 为参考点,$w(\cdot)$ 为参考点效用,$v(\cdot)$ 为价值函数。在参考点上下,具有不同形状的效用函数表现为两阶段性,如图 4 – 1 所示。

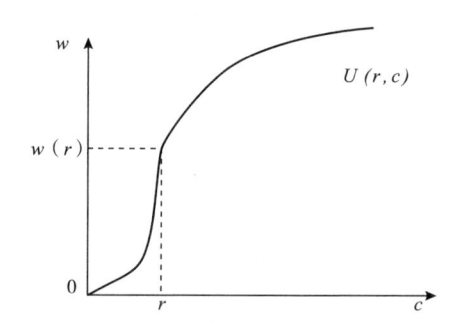

图 4 – 1 具有参考点的消费者效用函数

鲍温等人将消费习惯作为参考点,并根据消费习惯形成模式设定消费者参考点的移动为 $r_2 = (1 - \alpha) r_1 + \alpha c_1$,其中 $0 < \alpha < 1$。最早把习惯因素引入消费函数的当属杜森贝利,他认为消费习惯一旦形成,就难以在短期内改变,消费不仅取决于当前收入,而且受到过去消费的影响。② 这样效用函数就不再是跨时可分的了,桑德瑞森(Sundaresan)

---

① 对该等价的证明过程可以参见 Bowman D., D. Minehart, and M. Rabin (1999)。

② 〔美〕杜森贝利:《所得、储蓄与消费者行为之理论》,台湾银行经济研究室,1968。

和康斯坦丁尼等人证明了非跨时可分的效用函数可以影响消费者的最优选择行为和市场均衡，提出了包含习惯形成过程的效用函数，[①] 可以表示为 $u_t(c_t, z_t)$，消费者的即时效用函数不仅依赖 t 时刻的消费 c_t，而且依赖于过去消费额的加权平均 z_t，其中 $z_t = z_0 + \int_0^t e^{\beta(s-t)} c_s \mathrm{d}s$，$\beta > 0$ 是平滑常数，c_s 是第 s 期的消费，β 越大，赋予过去消费的权重就越低。

1. 仅考虑参考点移动时的消费函数

为使分析简化，我们首先假定不存在未来收入风险，消费者在一个两期环境下进行决策，第一期收入为 Y_1，第二期收入为 Y_2，且第二期收入不存在不确定性；第一期参考点为 r_1，第二期参考点为 r_2，设定两期参考点和收入各自以某一个特定的速度增加，即 $Y_2 = (1+\alpha)Y_1$，$r_2 = (1+\beta)r_1$；第一期消费为 c_1，第二期消费为 c_2，且 $c_1 + c_2 = Y_1 + Y_2$，假定利率和主观折现率都等于零，[②] 则消费者一生的总效用可以表示为

$$U(c_1, r_1; c_2, r_2) = w(r_1) + v(c_1 - r_1) + w(r_2) + v(c_2 - r_2)$$

(4-1)

首先将效用函数中 c_2 根据约束条件 $c_2 = Y_1 + Y_2 - c_1$ 代换为 c_1，随后

[①] S. M. Sundaresan, "Intertemporally Dependent Preferences and the Volatility of Consumption and Wealth," *Review of Financial Studies* 1 (1989): 73 – 89. George M. Constantinides, "Habit Formation: A Resolution of the Equity Premium Puzzle," *Journal of Political Economy* 3 (1990): 519 – 543.

[②] 此处比较的是当期储蓄导致的未来消费的现值，在消费者一生消费水平一直保持在最优状态的条件下，如果利率等于折现率，且两者都大于零，一单位储蓄在未来消费产生的效用的现值等于当期一单位消费产生的效用；如果折现率大于利率，则当期一单位储蓄在未来消费产生的效用小于当期一单位消费产生的效用。

对 c_1 求偏导，可得

$$\frac{\partial U}{\partial c_1} = v'(c_1 - r_1) - v'[Y_1 + Y_2 - c_1 - (1+\beta)r_1] \quad (4-2)$$

当 $c_1 < r_1$ 时，则 $c_1 - r_1 < 0$，$Y_1 + Y_2 - c_1 - (1+\beta)r_1 > 0$，由损失规避的定义（3-16）式可知，$\partial U/\partial c_1 > 0$，所以消费者会不断增加 c_1 到参考点以上，以使一生总效用不断增大。当 $c_1 > r_1$ 时，令 $\partial U/\partial c_1 = 0$，得 $v'(c_1 - r_1) = v'[Y_1 + Y_2 - c_1 - (1+\beta)r_1]$，此时一生总效用最大化的条件为 $c_1 - r_1 = Y_1 + Y_2 - c_1 - (1+\beta)r_1$，将 Y_2 代换为 Y_1，进一步整理，可得

$$c_1 = Y_1 - \frac{\beta r_1 - \alpha Y_1}{2} \quad (4-3)$$

由上述结论可知，即使第一期收入 Y_1 小于参考点，消费者也将尽可能增加第一期消费以使一生总效用不断增加，其增加幅度取决于消费者面临的流动性约束强度，但是肯定不会存在储蓄行为；当第一期收入高于参考点时，如果第二期参考点的增加量大于第二期收入的增加量，消费者将进行储蓄，其储蓄量与参考点的增加量呈正相关，与收入的增加量呈负相关。根据前景理论的结论，人们对损失的感觉总是更敏感，对收益的感觉则不敏感，这样居民总是更强烈地感受到价格上涨、刚性支出上升等导致参考点上移的负面冲击，而对工资的增加仅能感受到较少的正面冲击，由此导致储蓄倾向不断上升。

2. 仅考虑未来收入风险时的消费函数

依然假定消费者在一个两期环境下进行决策，第一期收入为 Y_1，第二期收入 Y_2 存在不确定性，以概率 p 获得高收入 Y_{2H}，以概率 $1-p$ 获得低收入 Y_{2L}；第一期消费为 c_1，第二期消费为 c_2，而且 $c_1 + c_2 = Y_1 + Y_2$；第一期参考点为 r_1，为便于分析，假定第二期参考点不变，依然等

于 r_1,而且两期总收入大于等于两期参考点的和,即 $Y_1 + Y_{2L} \geq 2r_1$,依然假定利率和主观折现率都等于零,则消费者一生的总效用为

$$U(c_1, r_1; c_2, r_2) = w(r_1) + v(c_1 - r_1) + w(r_2) + v(c_2 - r_2)$$
(4-4)

首先根据 $c_2 = Y_1 + Y_2 - c_1$ 将效用函数中的 c_2 代换为 c_1,随后对 c_1 求偏导,可得

$$\begin{aligned}\frac{\partial U}{\partial c_1} &= v'(c_1 - r_1) - pv'(Y_1 + Y_{2H} - c_1 - r_1) - (1-p)v'(Y_1 + Y_{2L} - c_1 - r_1) \\ &= [v'(c_1 - r_1) - v'(Y_1 + Y_{2L} - c_1 - r_1)] + p[v'(Y_1 + Y_{2L} - c_1 - r_1) - v'(Y_1 + Y_{2H} - c_1 - r_1)]\end{aligned}$$
(4-5)

当 $c_1 < r_1$ 时,则 $c_1 - r_1 < 0$,$Y_1 + Y_{2L} - c_1 - r_1 > 0$,由损失规避的性质可知,第一个中括号内的符号为正;由于 $Y_1 + Y_{2H} - c_1 - r_1 \geq Y_1 + Y_{2L} - c_1 - r_1 > 0$ 成立,同理可得第二个中括号内的符号也为正,所以 $\partial U / \partial c_1 > 0$,消费者会不断增加 c_1 到参考点以上,以使其一生总效用不断增大。

当 $c_1 \geq r_1$ 时,令 $\partial U / \partial c_1 = 0$,得

$$v'(c_1 - r_1) = pv'(Y_1 + Y_{2H} - c_1 - r_1) + (1-p)v'(Y_1 + Y_{2L} - c_1 - r_1)$$
(4-6)

整理后可得

$$p = \frac{v'(c_1 - r_1) - v'(Y_1 + Y_{2L} - c_1 - r_1)}{v'(Y_1 + Y_{2H} - c_1 - r_1) - v'(Y_1 + Y_{2L} - c_1 - r_1)} \quad (4-7)$$

当 $p = 0$ 时,$c_1 = (Y_1 + Y_{2L})/2$;当 $p = 1$ 时,$c_1 = (Y_1 + Y_{2H})/2$;由 $0 \leq p \leq 1$ 可得

$$\frac{Y_1 + Y_{2L}}{2} \leq c_1 \leq \frac{Y_1 + Y_{2H}}{2} \qquad (4-8)$$

由于 p 是消费者在未来取得高收入的概率，由上式可知，p 越大，当期消费越高；p 越小，当期消费越少。

3. 存在流动性约束的消费函数

当消费者存在流动性约束时，设定 $\lambda(x_t)$ 为居民全部消费现有财富的边际效用，其中 x_t 为手持现金，其变化过程为 $x_{t+1} = (1+r)(x_t - c_t) + y_{t+1}$，则当期消费的边际效用为

$$\lambda(c_t) = \max[\lambda(x_t), \beta E_t \lambda(c_{t+1})] \qquad (4-9)$$

其中，$\beta = (1+r)/(1+\delta)$，因为 $\delta > r$，可得 $\beta < 1$。目标是解出消费对手持现金的函数，即 $c_t = f(x_t)$。货币的边际效用（消费的价格）$p(x_t)$ 被定义为

$$p(x_t) = \lambda(c_t) = \lambda[f(x_t)] \qquad (4-10)$$

由（4-10）式和手持现金演化公式重写（4-9）式，可得

$$p(x_t) = \max[\lambda(x_t), \beta \int p\{(1+r)[x_t - \lambda^{-1} p(x_t)] + y\} dF(y)] \qquad (4-11)$$

如果 $p(x)$ 为（4-11）式的一个和 $f(x)$ 相关的静态解，那么，它必须满足

$$p(x) = \max[\lambda(x), \beta \int p\{(1+r)[x - \lambda^{-1} p(x)] + y\} dF(y)] \qquad (4-12)$$

由消费者效用函数的性质可知，消费的边际效用 $\lambda(x)$ 为凸的，迪顿和拉罗克（Deaton and Laroque）的定理3证明，如果 $\lambda(x)$ 为凸的，则 $p(x)$ 也是凸的，当不存在流动性约束时，由 $\lambda(x)$ 的凸性控

制预防性储蓄的强度;当存在流动性约束时,由 $p(x)$ 控制预防性储蓄的强度。① 当存在流动性约束时,消费者具有更强的预防性储蓄动机,因此,$p(x)$ 比 $\lambda(x)$ 具有更强的凸性。迪顿和拉罗克同时证明,存在唯一的财富水平 x^*:当 $x \leq x^*$ 时,$p(x) = \lambda(x)$,此时 $c = x$,居民不进行任何储蓄,消费函数为一条 45°直线;当 $x \geq x^*$ 时,$p(x) \geq \lambda(x)$,此时 $c \leq x$,居民才开始进行储蓄。

迪顿认为消费者没有能力通过复杂的最优化计算来确定自己的最优消费路径,仅仅根据经验法则(rule-of-thumb)指导其消费行为,而且该经验法则还应该足够简便以至于可以采用试错法不断调整。假定消费者的消费规则为困难时花光所有收入,当收入超过某一"最小必须量"时便储蓄固定比例的收入余额,即其消费函数为 $c_t = f(x_t) = x^* + \alpha (x_t - x^*) I (x_t > x^*)$,其中 $I(\cdot)$ 为指标函数,若 e 为真,$I(e) = 1$,否则 $I(e) = 0$,消费者按照该分段线性(piecewise linear)消费函数指导其消费行为。在研究不发达国家的储蓄行为时,迪顿采用的消费函数具体形式为 $c_t = f(x_t) = x_t - 0.7 (x_t - \mu) I (x_t > \mu)$,其中 μ 为平均收入,通过模拟不同消费函数下消费者总效用的差异,发现分段线性消费函数与最优化消费策略之间消费者总效用的差异非常小,② 几乎不会造成消费者福利损失。为了能够更简便地处理问题,迪顿以平均收入为分段线性函数的转折点,对为什么要采用平均收入或者采用其他收入会怎样并未进行讨论,仅是随意选择的结果。然而,在启动消费需求时,该转折点的准确位置却具有重要的政策意义,因为收入处于转

---

① Deaton, and Laroque, "On the Behavior of Commodity Prices," *Review of Economic Studies* 1 (1992): 1–23.

② 在早期关于商品库存的文献中,分段线性函数也取得了仅次于最优策略的表现。具体例子可以参见 Newbery and Stiglitz (1981, Chapter 30)。

折点以下的居民会消费自己的全部收入,补贴这一部分居民的政策效果会优于补贴高收入居民,确定转折点的准确位置就可确定需要重点补贴的目标人群。

结合迪顿的模型和前景理论中的损失规避,我们可以提出新的消费函数:

$$c = \begin{cases} y, & y \leq x^* \\ x^* + b(y - x^*), & y \geq x^* \end{cases} \quad (4-13)$$

其中,x^* 是消费函数中的参考点,即消费者取得收入后,首先满足参考点以下的需要,在这一阶段没有储蓄行为;仅当收入超过参考点以后,人们才会将剩余收入按一定比例用于消费,将剩余部分用于储蓄。居民消费决策不是线性的,而是分段的,当收入小于参考点 x^* 时,消费等于收入;当收入大于 x^* 时,仅把收入超出部分的某一比例用于消费。使用图 4-2 表示该函数。

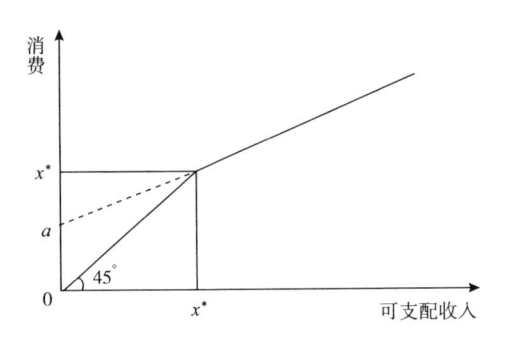

图 4-2 分段线性消费函数

由这里的理论分析和第二章第五节的结论可知,对于涉及收入分配地位的收入增加,居民边际消费倾向不变,既不存在递减现象,又不呈倒"U"形分布。而对于时间序列上的收入增加,边际消费倾向呈现了很大的不确定性,有上升、下降和不变三种可能,其影响因素也比较多,未来风险、参考点变动都会导致边际消费倾向的时序变动,下面采用我国数据实证消费函数的分段线性。

第二节 基于我国数据的实证——分段线性消费函数

从我国住户调查分层数据以及山东省城镇住户调查微观数据分析,居民消费函数也呈分段线性,即在特定收入水平以下,边际消费倾向为1;在该水平之上,边际消费倾向约为0.5,且不存在特定的变动趋势。这说明当收入很低时,消费者不进行储蓄,其消费额接近全部收入;只有收入超过某一特定数值时,消费者才开始进行储蓄,且储蓄的数额约为收入中超过该特定值部分的一半。

一 使用微观数据的实证

分析居民内部的消费行为,需要每一户居民的微观调查数据,此处以山东省2006年城镇住户调查数据微观数据为例,分析不同收入层次居民的消费行为。

1. 描述性分析

我国现行住户调查并未区分耐用消费品购买与暂时收入,[①] 居民可支配收入包括工薪收入、经营净收入、财产性收入、转移性收入四大类,其中包含了大量的一次性收入,且多数额度很大;在居民消费品支出分类中,交通和通信支出项包含了家用汽车的购买,其数额多数超过10万元,远大于一般家庭当年的全部消费支出总和。同时,由于存在

---

① 国家统计局城市司:《中国城镇住户调查手册》,2006年9月。

内生消费、消费行为和消费增长

各种偶然因素对单个家庭的影响，即使剔除部分数额巨大的耐用品购买与一次性收入，剩余数据的波动依然剧烈，而当数据中存在异常值时，经典的统计方法容易产生很大偏差，乃至得到不合理的结果，本研究借鉴库兹涅茨的移动平均法消除异常值的影响，① 图4-3列出了经过20项移动平均后，收入最低的20%的居民人均消费与人均可支配收入散点分布。

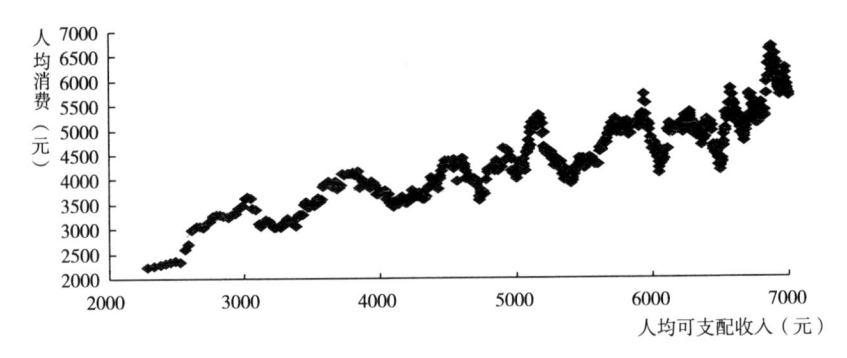

图4-3 采用20项移动平均后的人均消费与可支配收入散点分布

散点图的初始阶段可以拟合为一条通过原点的直线，而后面部分则应该拟合为带有截距项的直线。下面使用回归方程法估计边际消费倾向，从收入最低的居民开始，逐户增加回归数据，观察回归系数的变化。在初始阶段，回归方程截距项不显著，去掉截距项重新估计，所得边际消费倾向接近1，且具有很高的显著性水平；随着回归数据的逐渐增加，回归方程截距项的显著性也逐渐增加，边际消费倾向缓慢下降，当回归方程中的居民增加到300户以上时，即超过总户数的10%时，已经无法在5%的显著性水平上拒绝截距项，边际消费倾向下降到0.8。

---

① Kuznets S., *National Income, a Summary of Findings*, NBER working paper, 1946.

2. 基于计量模型的分析

下面以 (4-13) 式为计量模型，使用 Eviews 6.0 中估计非线性回归模型的方法找到消费函数参考点 x^*，并验证收入在参考点以下的居民是否具有储蓄行为。

在寻找参考点时，设定的估计方程为 $c = x^* + b(y - x^*)$。首先选择所有数据进行估计，所得 x^* 估计值为 4074 元，所以剔除人均可支配收入处于 4074 元以下的居民重新回归。从原始数据可知，第 113 户居民人均可支配收入为 4075.8 元，随后以第 113 户以后所有数据进一步估计，得 x^* 的估计值为 4133.6 元，重新调整样本起点，剔除人均可支配收入处于 4133.6 元以下的居民，由于第 119 户居民人均可支配收入为 4137.4 元，以第 119 户以后所有数据进一步估计，得 x^* 的估计值为 4136.56 元，所以最终可以确定 2006 年消费函数的参考点为 4136.56 元。

进一步分析第 119 户以前的居民，其平均可支配收入为 3315.3 元，平均消费支出为 3401.4 元，使用这 118 户居民的数据建立回归方程，所得结果为 $c = 1.023y$，截距项因为不显著而被剔除，这也进一步证实了参考点以下 $c = y$ 的结论。下面利用同样的方法，估计出 2002 年以后各年的参考点和边际消费倾向，如表 4-1 所示。

表 4-1 山东省城镇住户调查数据的估计结果

指标	2002 年	2003 年	2004 年	2005 年	2006 年
参考点（元）	2927.81	3821.96	3705.22	4003.58	4136.56
参考点以上边际消费倾向	0.602	0.523	0.548	0.542	0.560
参考点以下边际消费倾向	1.047	0.924	0.925	0.976	1.023

注：部分年份数据剔除了离群值的影响，参考点以下部分回归方程的常数项都不显著。

估计结果与前面模型的结论都是一致的，当收入小于参考点时，居民边际消费倾向为1；当收入大于参考点时，居民边际消费倾向为0.5~0.6，居民消费行为存在明显的两阶段性。

二 全国居民住户调查分层数据的实证

从数据的可获得性看，1985年以前我国进行的是城市职工家庭收支抽样调查，且没有按收入分层数据，《中国统计年鉴》从1985年才开始提供城镇居民分七层的收入与消费资料，以最低的10%为最低收入户，以10%~20%为低收入户，以20%~40%为中等偏下收入户，以40%~60%为中等收入户，以60%~80%为中等偏上收入户，以80%~90%为高收入户，以最高的10%为最高收入户。1996年以前的数据是平均每人生活收入与平均每人生活支出，从1997年才开始使用可支配收入与消费支出概念，不过其口径基本相同。此外，《中国统计年鉴》从2002年开始公布了农村居民五等分的住户调查数据。

1. 描述性分析

从分层数据看，低收入居民的消费接近其全部收入，储蓄行为出现在收入超过某一特定数值的居民中。图4-4分别做出了城乡最低收入层次居民消费与收入的比值，1996年以后城镇居民最低收入户的消费略小于其收入。从2002年以后农村居民的数据看，农村居民低收入户的消费大大超过其收入，这可能与农村居民具有较多的自给性消费有关。

从最低收入层以上居民看，随着收入增加，消费基本上等比例增加，采用描点法也可发现各层居民消费与可支配收入数据几乎呈一条直线，仅最低收入层居民没有储蓄行为，其他层居民都具有比较一致的边际储蓄倾向。

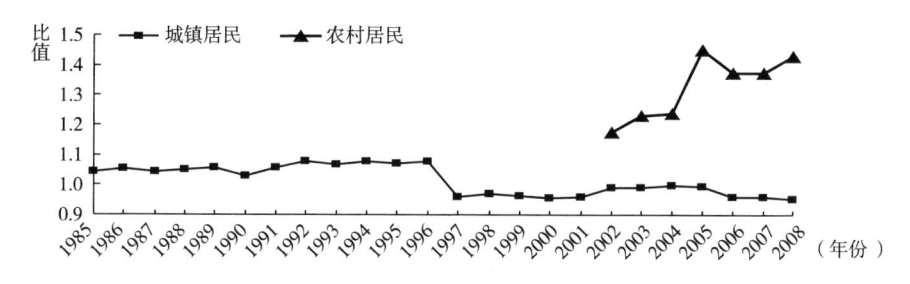

图4-4 城乡最低收入居民消费与收入比值

根据《中国统计年鉴》中城镇居民分七层和农村居民分五层的截面数据，使用上述方法进行估计，即首先以当年全部数据估计最低生活成本（消费函数参考点或参考点），随后剔除处于最低生活成本以下的数据，重新估计当年最低生活成本，再进一步观察是否有数据处于新得到的最低生活成本以下，如果有则进一步剔除该数据，重新估计最低生活成本，得到2002~2008年我国城乡居民最低生活成本，城镇居民最低生活成本略低于前面使用国际标准所得贫困线，农村居民最低生活成本与前面使用国际标准所得贫困线非常接近。

2. 计量模型的分析

使用和前面微观数据类似的方法，先以全部数据建立回归模型，估计得到参考点以后，剔除平均可支配收入处于参考点以下的收入层，重新估计参考点，再次剔除平均收入处于新参考点以下的收入层，直到所得参考点小于估计过程所用数据的最小收入，估计结果如表4-2所示。

表4-2 使用分层数据估计的农村居民消费函数

指标	2002年	2003年	2004年	2005年	2006年	2007年	2008年
参考点（元）	1107.1	1170	1317.6	1858.6	1906.7	2182.6	2381.8
参考点以上边际消费倾向	0.5	0.5	0.5	0.47	0.51	0.5	0.5
参考点以下人均消费/人均收入	1.174	1.23	1.24	1.451	1.374	1.374	1.43

2002~2008年，农村居民边际消费倾向基本保持不变，除2005年出现显著下降和2006年略有提高外，一直为0.5。进一步以城镇居民分层截面数据估计城镇居民参考点和边际消费倾向，如表4-3所示。

表4-3 使用分层数据估计的城镇居民消费函数

年份	参考点（元）	参考点以上边际消费倾向	参考点以下人均消费/人均收入	年份	参考点（元）	参考点以上边际消费倾向	参考点以下人均消费/人均收入
1985	692.44	0.81	1.017	1997	2442.3	0.64	0.994
1986	546.55	0.88	1.052	1998	2550.9	0.62	1.007
1987	758.45	0.83	1.025	1999	2669.0	0.61	1.001
1988	1107.4	0.77	1.030	2000	2771.5	0.63	0.998
1989	1071.4	0.78	1.031	2001	3130.4	0.58	0.994
1990	1058.1	0.72	1.014	2002	2935.0	0.64	1.062
1991	1245.7	0.73	1.038	2003	3222.7	0.62	1.066
1992	1391.5	0.67	1.046	2004	3696.8	0.61	0.998
1993	1734.7	0.66	1.042	2005	3680.9	0.62	1.064
1994	2372.8	0.64	1.051	2006	3689.1	0.62	1.040
1995	2861.9	0.68	1.045	2007	4544.7	0.59	1.027
1996	3249.3	0.64	1.044	2008	5004.3	0.58	1.034

注：表中估计结果均在5%的显著性水平下拒绝了原假设。

从表4-3中数据看，城镇居民边际消费倾向下降趋势显著，从1986年的0.88下降到2008年的0.58。从城乡对比看，城镇居民边际消费倾向依然高于农村居民。

根据两阶段消费函数的结论，当居民收入小于消费函数参考点时，居民消费自己的全部收入，边际消费倾向接近1；当居民收入大于消费函数参考点时,居民只消费超过参考点部分的某一固定比例收入,此时边际消费倾向小于 1。因此,补贴收入处于参考点以下的居民,增加的消费等于实际补贴额,即 $\Delta c/\Delta y = 1$,提高最低生活保障可以比平均化补偿更有效地扩大消费。按 2009 年《中国统计年鉴》提供的数据推算,收入处于参考点以下的农村居民约占 20%,城镇居民约占 10%,农村居民总数略高于城镇居民,两者加权,其比例应略高于 15%,总人数接近 2 亿人,这样对参考点以下居民每给予 1 元的转移支付比平均化补偿多增加消费 0.4 元,所以进一步提高补贴标准将更有效地促进扩大消费需求政策目标的实现。

第三节 政策效果分析——收入分配

人们对消费需求不足有多种解释,其中最常见的解释就是,收入分配差距过大。[①] 其理论依据是边际消费倾向(边际消费倾向)递减,但是这一论据缺乏严格的理论与数据证明。卡罗尔也指出,很多经济学家都凭直觉认为低收入者的边际消费倾向高于高收入者。[②] 杨汝岱、朱诗娥还进一步证明,即使存在边际消费倾向递减,减小收入差距也不一定

---

① 胡日东、王卓:《收入分配差距、消费需求与转移支付的实证研究》,《数量经济技术经济研究》2002 年第 4 期;藏旭恒、张继海:《收入分配对中国城镇居民消费需求影响的实证分析》,《经济理论与经济管理》2005 年第 6 期;吴晓明、吴栋:《我国城镇居民平均消费倾向与收入分配状况关系的实证研究》,《数量经济技术经济研究》2007 年第 5 期。

② Carroll C. D., "Buffer Stock Saving and the Life Cycle/Permanent Income Hypothesis," *Quarterly Journal of Economics* 1 (1997): 1 - 55.

能够扩大消费，还要看边际消费倾向的收入弹性情况；只有边际消费倾向呈倒"U"形分布时，减小收入差距才能够扩大消费。① 截面上不同收入层次居民边际消费倾向的分布状况是决定收入分配与消费之间关系的关键。

一 理论回顾

对收入分配是否影响以及如何影响居民消费需求的研究可以大致分为两类：一类是通过收入差距与消费倾向或总消费的关系判断收入差距是否影响消费；另一类是分别估计不同收入层次居民的边际消费倾向，通过分析截面上边际消费倾向的分布状况推断收入分配对消费的影响。

1. 对收入差距和消费倾向之间关系的实证研究

以消费倾向或总消费为被解释变量，以基尼系数或其他衡量收入差距的指标为解释变量，通过回归分析估计收入差距对消费的影响力，该类方法虽然直接，但是由于我国消费倾向为一个下降的时间序列，而收入差距为一个上升的时间序列，两类变量都不是平稳序列，这就使得估计结果容易受到"伪相关"问题的干扰，而且无法得出收入分配对消费产生影响的内在机制。胡日东、王卓以城镇居民消费率为被解释变量，以基尼系数和收入增长率为解释变量，建立回归方程，发现基尼系数与消费率之间呈负相关。② 臧旭恒、张继海以 1985～2002 年《中国统计年鉴》中城镇居民家庭按收入等级分层的平均每人可支配收入和消费性支出数据进行了实证研究，结果显示我国收入差距与消费倾向是

---

① 杨汝岱、朱诗娥：《公平与效率不可兼得吗？——基于居民边际消费倾向的研究》，《经济研究》2007 年第 12 期。

② 胡日东、王卓：《收入分配差距、消费需求与转移支付的实证研究》，《数量经济技术经济研究》2002 年第 4 期。

负相关的，缩小收入差距可以提高总消费，从而提出建议：应在不损害效率的前提下减小收入差距，提高低收入居民的收入，扩大中等收入阶层规模。① 吴晓明、吴栋从消费者预期效用最大化模型出发，得到了中国城镇居民的个体"短视"模型和总量消费模型，并利用1985~2004年城镇居民收入和消费数据建立了误差修正模型和对数线性模型，发现我国城镇居民收入差距扩大会引起平均消费倾向减小。② 虽然我国学者的实证分析得出了几乎一致的结论，然而在收入差距影响力的大小、如何减小收入差距等方面的认识依然是模糊不清的。

布林德（Blinder）使用美国1947~1972年的数据分析收入分配对消费的影响，结论是要么收入差距与消费无关，要么收入差距扩大可以增加消费。③ 德拉（Della）等使用37个国家的截面数据验证了收入分配对消费的影响，也发现收入分配与平均消费倾向无关，只有收入水平影响平均消费倾向。④ 穆斯格鲁夫（Musgrove）发现仅仅在人均GDP大于500美元的国家组中收入分配影响额外消费，在人均GDP小于500美元的国家组和所有国家作为一组时，收入分配都不影响消费。⑤ 国内外学者在该问题上得到了完全相反的结论。

---

① 藏旭恒、张继海：《收入分配对中国城镇居民消费需求影响的实证分析》，《经济理论与经济管理》2005年第6期。

② 吴晓明、吴栋：《我国城镇居民平均消费倾向与收入分配状况关系的实证研究》，《数量经济技术经济研究》2007年第5期。

③ Blinder, "Distribution Effects and the Aggregate Consumption Function," *Journal of Political Economy* 3 (1975): 447–476.

④ Della Valle, Philip A., and Oguchi, Noriyoshi, "Distribution, the Aggregate Consumption Function, and the Level of Economic Development: Some Cross-country Results," *Journal of Political Economy* 6 (1976): 1325–1334.

⑤ Musgrove P., "Income Distribution and the Aggregate Consumption Function," *Journal of Political Economy* 3 (1980): 504–525.

2. 基于边际消费倾向递减或平均消费倾向递减的理论研究

李军分析了平均消费倾向递减时收入分配对消费的影响，他设定的分析框架为 $C = [(c_h - c_l)\beta + c_l]Y$，其中 c_h 为高收入居民的平均消费倾向，c_l 为低收入居民的平均消费倾向，$c_h < c_l$，β 为高收入居民的收入占总收入的比重。① 吴易风、钱敏泽在消费率随收入增加线性递减的前提下，比较了收入完全公平分配和完全不公平分配时消费需求的差异。其结论是收入差距扩大将严重减小消费需求，当新增收入仅被分配给一部分人时，增加的消费需求最小；当新增收入被平均分配给所有人时，增加的消费需求最大。②

但是上述分析过程存在逻辑上的漏洞，因为当收入差距增加，即 β 变大时，c_h 会变得更小，而 c_l 会变得更大，混合的平均消费倾向 $(c_h - c_l)\beta + c_l$ 的变动方向是无法判断的。也可以从另一个方面来否定其结论，假定边际消费倾向不变，因为 $APC = a/y + b$，平均消费倾向（APC）的变动既包含边际消费倾向的变动，又包含自发消费与收入比例的变动，当收入增加时，平均消费倾向会变小，依然符合平均消费倾向递减的假定，此时的收入再分配将不会改变总消费。其后，乔卫国、杨汝岱等人的分析结论也表明，即使在边际消费倾向递减的前提下，收入分配对消费需求的影响也是不确定的。

杨汝岱、朱诗娥设定的分析框架是，假定边际消费倾向递减，仅有高收入阶层和低收入阶层两类人，使用将收入完全均分以后的消费需求与原来的消费需求对比，得 $2a + [\lambda b_l + (1-\lambda)b_h](M+m) > 2a +$

---

① 李军：《收入差距对消费需求影响的定量分析》，《数量经济技术经济研究》2003 年第 9 期。

② 吴易风、钱敏泽：《影响消费需求因素的实证分析》，《经济理论与经济管理》2004 年第 2 期。

($b_l M + b_h m$)，其中b_h为高收入阶层的边际消费倾向，b_l为低收入阶层的边际消费倾向，M为高收入阶层的收入，m为低收入阶层的收入，λ为收入分配效应系数，a为自发消费，对上式化简得：$\lambda/(1-\lambda) < M/m$，这就是可以由边际消费倾向递减推出收入差距变小从而扩大总需求的条件，即使存在边际消费倾向递减，减小收入差距也并不一定导致消费扩大，而是存在一定的限制条件。[①]

乔为国、孔欣欣剔除流动性约束、不确定性、遗赠性储蓄、利率与价格变动等因素的影响，从边际效用递减出发，得出边际消费倾向递减。随后在消费的边际消费倾向递减规律成立的前提下，他们分析了不同收入水平下居民收入差距和总消费之间的关系，其结论是，当收入水平较低时，所有居民的边际消费倾向都为1，收入差距不影响总消费；当收入水平提高到一定程度时，收入差距超过一定程度，就会导致总消费变小，否则，较小的收入差距依然不会影响总消费。随后，他们解释了我国居民消费倾向的变动趋势，认为居民收入差距过大是造成近年来我国居民边际消费倾向变低的重要原因。[②] 然而，作为其理论前提的边际消费倾向递减规律，缺乏严密的推理过程，依然是一种直觉假定。即使边际效用递减规律存在，也不能保证边际消费倾向递减规律成立，因为在消费时高收入者不会选择与低收入者相同的产品，他们会选择与自己社会地位相匹配的高品质商品，即商品价格会存在巨大差异，每个消费者都将消费几乎相同数量的实物商品，这样边际效用递减规律不会仅作用于高收入居民，而是对每个人同样有效。

---

① 杨汝岱、朱诗娥：《公平与效率不可兼得吗？——基于居民边际消费倾向的研究》，《经济研究》2007年第12期。

② 乔为国、孔欣欣：《中国居民收入差距对消费倾向变动趋势的影响》，《当代经济科学》2005年第5期。

3. 对边际消费倾向分布状态的争论

从凯恩斯开始，对边际消费倾向递减规律是否存在的争论就从未停止过。在《就业、利息和货币通论》中，凯恩斯根据人的心理规律提出："当实际收入增加时，人们通常会储蓄掉其收入中的较大的比例。"卡莱茨基和温特劳布肯定了该规律的存在，认为可以通过收入再分配消除有效需求的不足。但是，随后发展起来的持久收入/生命周期理论认为个人根据效用最大化安排一生的消费，在整个生命周期内耗尽全部财富。因此，边际消费倾向与收入无关。

袁志刚、朱国林综述了收入分配与总消费的关系，认为多数消费函数理论隐含了缩小收入差距能扩大消费需求的结论，虽然标准的持久收入/生命周期理论认为不同收入层次的居民具有相同的边际消费倾向，收入分配不影响消费，但是如果考虑到遗赠动机，则高收入居民会具有较低的边际消费倾向，收入分配依然会影响消费。① 莫迪利安尼（Modigliani）则发现遗赠动机对消费的影响不重要。②

朱国林等将储蓄动机分为遗赠动机和预防性动机，认为遗赠动机随收入增加而增强，预防性动机随收入增加而减弱，综合两种动机，总的储蓄倾向呈"U"形分布，则平均消费倾向呈倒"U"形分布。③ 杨汝岱和朱诗娥利用中国社会科学院经济研究所收入分配课题组分别在1995年和2002年实施的城乡居民家庭与个人调查所获得的微观数据，

---

① 袁志刚、朱国林：《消费理论中的收入分配与总消费——及对中国消费不振的分析》，《中国社会科学》2002年第2期。
② Modigliani F., "Life Cycle, Individual Thrift, and the Wealth of Nations," *The American Economic Review* 3 (1986): 297–313.
③ 朱国林、范建勇、严燕：《中国的消费不振与收入分配：理论和数据》，《经济研究》2002年第5期。

实证了我国城乡居民边际消费倾向随收入增长的变动，结果表明，在七个收入阶层中，中低收入层和中高收入层的边际消费倾向最高，而低收入层和高收入层的边际消费倾向都比较低，我国城乡居民边际消费倾向随收入增长呈现非常显著的倒"U"形。[①] 因此，缩小收入差距不仅是社会公平与公正的问题，而且有利于扩大消费需求，促进经济持续增长，可以同时实现"公平"与"效率"两个目标。杨天宇、朱诗娥利用中国社会科学院经济研究所中国居民收入分配课题组1995年的调查数据和国家统计局城调队2002年的调查数据，对我国微观的家庭数据进行了计量分析，结果表明，我国城乡居民的边际消费倾向与收入水平之间大致呈现倒"U"形，中等收入层的边际消费倾向最高，低收入层和高收入层居民的边际消费倾向最低；农村居民的边际消费倾向高于城镇居民。[②] 在边际消费倾向与居民收入之间呈现倒"U"形的情况下，缩小收入差距能够起到扩大总消费的效果。因此，缩小收入差距的收入再分配政策可以有效刺激经济增长。

此类研究共同的问题就是没有解释为什么低收入居民具有如此低的边际消费倾向，实证结果缺乏理论支撑。杨汝岱和朱诗娥在1995年狭义模型对最低收入层居民边际消费倾向的估计结果仅为0.05，对最高收入层居民边际消费倾向的估计结果也仅为0.07，与人们的直觉存在很大差距。[③] 而且，由于其估计过程没有剔除随机因素的影响，估计结果非常

---

① 杨汝岱、朱诗娥：《公平与效率不可兼得吗？——基于居民边际消费倾向的研究》，《经济研究》2007年第12期。

② 杨天宇、朱诗娥：《我国居民收入水平与边际消费倾向之间"倒U"型研究》，《中国人民大学学报》2007年第3期。

③ 杨汝岱、朱诗娥：《公平与效率不可兼得吗？——基于居民边际消费倾向的研究》，《经济研究》2007年第12期。

不稳定,虽然采用了同一套数据,但两篇文章的估计结果显著不一致。在计算边际消费倾向时也未能区分城乡居民,将内外约束都显著不同的城市和农村居民混合在一起,其结果必然不够准确。

二 在分段线性消费函数下的收入分配问题

从本章前两节的理论与实证结论看,不同收入层的居民消费行为表现为明显的两阶段性,消费函数实质上呈现分段线性的形式,低收入层居民的消费接近其全部收入,并不进行储蓄,当收入超过某一特定水平时,居民才开始从超过部分的收入拿出固定比例用于储蓄。

多数消费函数未考虑不同收入层居民消费行为的不一致,在宏观研究中更是采用代表性消费者的概念,以具有平均收入的居民代表所有居民的消费行为。实质上,由于存在损失规避行为和参考点,低收入层居民和高收入层居民具有显著不同的消费选择。大量事实表明,在进行消费选择时,在参考点上下具有不同的效用函数,参考点以下减少单位消费而损失的效用显著大于在参考点以上增加单位消费获得的效用。通过引入损失规避行为建立的两阶段消费行为模型,很好地解释了截面上居民消费函数的两阶段性。

通过对消费函数两阶段性的讨论,我们得出:居民总是首先满足参考点以下的需要,之后才将超出参考点的收入按某一比例用于消费和储蓄,即当收入小于参考点时,居民倾向于消费自己的全部收入,消费倾向接近1。因此,补贴收入处于参考点以下的居民能够有效扩大消费。而收入超过参考点的居民,其边际消费倾向远小于1,从本研究的实证结果看,等量转移支付,参考点以下居民增加的消费为参考点以上居民的两倍,补贴参考点以下居民的政策效果优于补贴参考点以上居民的政策效果。

仅在居民内部进行收入再分配,对富人征收 1 单位税收将导致消费减少约 0.5 元,将这一单位税收补贴贫困居民增加的消费接近 1 元,两项相抵,最终增加的消费约为税收额度的一半。在居民与企业两大部门之间进行收入再分配时,从企业转移 1 元平均分配给居民,增加的消费约为 0.6 元(根据前面的推算,约有 15% 的居民边际消费倾向为 1,有 85% 的居民边际消费倾向为 0.50 左右),居民内部转移支付对扩大消费的作用不如部门间转移支付有效。

从资金来源的角度可以将转移支付分为两大类:一是通过对高收入居民征税,在居民部门内部进行的转移支付;二是在企业、居民、政府三个大部门之间进行的转移支付。从我国当前收入不平等的现状看,农村群间不平等对总体基尼系数的贡献率最大,城镇群内不平等的贡献率不断上升。① 农村居民收入的差异更多地由自然村内部因素造成,即由农户的不同禀赋带来的人力资本差异(包括健康状况和教育水平)是导致当前收入差距产生的重要原因。② 这样,仅仅依靠市场手段不仅无法缩小居民内部的收入差距,反而会造成收入差距的不断扩大。建立并完善最低生活保障制度,可以有针对性地提高贫困居民的收入,使贫困居民获得最基本的生存与发展条件,同时也就增强了其自我改善的能力,既能减小居民收入差距,又可以有效扩大居民的消费需求。

从国民收入在居民、企业、政府三大部门之间分配的份额看,我国居民部门的劳动者报酬占 GDP 的比重不断下降,而企业利润占 GDP 的

---

① 洪兴建:《一个新的基尼系数子群分解公式——兼论中国总体基尼系数的城乡分解》,《经济学(季刊)》2008 年第 1 期。

② 邢鹂、樊胜根、罗小朋、张晓波:《中国西部地区农村内部不平等状况研究——基于贵州住户调查数据的分析》,《经济学(季刊)》2008 年第 1 期。

比重则不断上升，劳动者报酬占 GDP 的比重在 2007 年下降到 39.74%，而企业营业盈余占 GDP 的比重已升至 31.29%。在一些发达国家，劳动者的工资总额占 GDP 的比重大多在 50% 以上，如美国是 58%，有些甚至达到了 65%。① 李实指出，以 2007 年为基年的过去十年，中国劳动收入份额不断下降，是中国个人收入差距扩大的主要原因。② 白重恩、钱震杰的研究表明，导致 1998 年以来工业部门劳动收入份额降低的主要原因是国有企业改制和垄断程度增加等非技术因素。③ 实行积极的反垄断政策，减少垄断利润占国民收入的份额，可以有效缓解居民收入份额的下降，促进居民消费需求增加。

卡尼曼、尼奇和塞勒通过试验证明了禀赋效应的存在，即一旦人们得到可供自己消费的某物品，人们赋予该物品的价值就会显著增加。④ 这样，先通过各种手段增加居民劳动收入，随后再采用税收途径取走增加的这一部分收入，将导致居民的福利损失，因收入减少而损失的效用大于增加同等收入时为居民带来的效用，也容易遭到纳税人的抵制。因此，应该开征垄断税，通过宏观调控手段直接将企业部门的收入转移至贫困居民，不应该先平均增加居民收入而后再对富裕居民征税以补贴低收入居民。从企业部门转移部分收入

---

① 该数据来源于中国社会科学院工业经济研究所编写的企业蓝皮书《中国企业竞争力报告（2007）——盈利能力与竞争力》，社会科学文献出版社，2007。

② 李实：《中国要在增长和分享之间寻求平衡》，《中国财经报》2007 年 8 月 28 日。

③ 白重恩、钱震杰：《国民收入的要素分配：统计数据背后的故事》，《经济研究》2009 年第 3 期。

④ Kahneman, Knetsch and Thaler, "Experimental Tests of the Endowment Effect and the Coase Theorem," *Journal of Political Economy* 6 (1990): 1325–1348.

直接用于社会保障体系建设，可以同时起到减小收入差距和扩大消费的双重作用。

在增加居民部门整体收入与调节居民内部收入两项任务同时进行的条件下，应该跳过其中间过程，通过垄断税消减资本收入，将所得资金转移至低收入居民。

第四节　参考点变动的福利分析

不同类别的支出对消费者的影响是不同的，各类支出预算约束的强弱也差异很大。塞勒在心理账户中指出，消费者会进行消费归类，把不同支出编入不同的预算，作为自我控制的机制以平衡各类支出之间的竞争。[①] 由此可以推知，保障最低生活标准的刚性支出被单独列出，其预算约束是一种预先扣除的方法，即消费者首先从收入中拿出用于满足最低生活标准的资金放入独立账户，不到不得已的时候就不会降低生活标准以压缩这一部分资金。这一消费行为特征与美国心理学家马斯洛在《人类激励理论》中提出的需求层次理论是一致的，马斯洛认为，只有在最基本的需要满足维持生存所必需的程度后，人们才会追求其他的需要，低层次的需要优先于更高层次的需要。而自发消费、最低生活成本、贫困线等概念的本质就是维持人类基本的生存与发展所需要的支出，与前面的参考点具有一致的内涵，下面详细分析这几个概念的定义和计算方法的区别与联系。

---

① Thaler R. H., "Mental Accounting Matters," *Journal of Behavioral Decision Making* 12 (1999): 183–206.

内生消费、消费行为和消费增长

一 参考点与自发消费

1. 自发消费的内涵

凯恩斯在《就业、利息和货币通论》中仅仅明确提出消费函数为 $C_w = \chi(Y_w)$，并没有给出具体的数学形式，也未提出过自发消费的概念。斯通（Stone）在实证研究中，通过数据拟合得到了最初的消费函数表达式：$c = a + by$，[①] 而且该表达式符合凯恩斯对消费函数性质的基本判断：平均消费倾向大于边际消费倾向，而且随收入增加而递减，这一表达式逐渐被作为教科书中凯恩斯消费函数的经典形式。自发消费的概念就是源于由实证得出的这一消费函数的截距项，从数学意义上理解，自发消费就是当短期收入为零时消费者也不得不消费的量，然而这一概念一直缺乏基于消费理论的严格论证，短期收入为零的消费者究竟如何进行消费决策，其内外部约束条件怎样，自发消费是否仅为一种社会学意义上的界定？这些问题都未能获得回答。消费函数的研究重点随后转移到了居民跨期消费决策，因而对自发消费的研究渐渐淡出消费函数的研究范围。

库兹涅茨研究了美国1869~1938年的国民收入和消费资料后发现，在长达70年的时间内，国民收入虽然增加了7倍，但平均消费倾向相当稳定，始终稳定在0.84~0.89，这样，长期内消费函数表达式变为 $c = ky$，平均消费倾向等于边际消费倾向，自发消费为零。这与前面的短期消费函数矛盾，因此，该发现也被称为"库兹涅茨之

[①] Richard Stone, and W. M. Stone, "The Marginal Propensity to Consume and the Multiplier: A Statistical Investigation," *The Review of Economic Studies* 1 (1938): 1–24.

谜"。为了解释"库兹涅茨之谜",斯密西斯(Smithies)将自发消费的变动引入消费函数,令自发消费随时间变动,推动了凯恩斯消费函数长期化。① 因为 $c/y = (a+by)/y = a/y + b$,如果自发消费与收入同比例增长而边际消费倾向不变,则 a/y 和 b 都不变,平均消费倾向也将保持不变。斯密西斯假定自发消费每年都增加一个固定数值,使用美国 1923~1940 年消费与可支配收入数据,得到新的消费函数:$C = 75.68 + 0.76Y + 1.15 \times (t - 1922)$,即这一时期自发消费每年增加 1.15 元。使用上述消费函数重新估计美国 1884 年以来的消费倾向,得到了与库兹涅茨非常一致的结论。随后,斯密西斯在其文章中仅仅根据直觉提出了下面三个影响因素:①人口从农村向城市迁移;②收入分配变得更加平均;③随着生活标准不断提升,最低生活成本逐步增加。斯密西斯认为城乡人口转移、收入分配、最低生活成本变化都会导致自发消费变化,由于当时数据资料的限制,他认为需要等待更进一步的调查去解释自发消费的变动,未能对这三种因素做进一步的分析与实证。其后,伏丁斯基(Woytinsky)等人将时间趋势项(time trends)引入消费函数,考察了自发消费变动对长期消费函数的影响,但依然缺乏对其变动机制与影响因素的进一步分析。② 随后,由于在持久收入/生命周期函数中不存在截距项,人们对自发消费的研究一度出现中断。

近年来,迪顿、樊纲等人又陆续开始研究自发消费的变动。迪顿提出了一个两阶段消费函数,当消费者存在流动性约束时,存在一

---

① Arthur Smithies, "Forecasting Postwar Demand," *Econometrica* 1 (1945): 1-14.
② Woytinsky W. S., "Relationship Between Consumers' Expenditures, Savings, and Disposable Income," *Review of Economic Statistics* 28 (1946): 1-12.

个特定的财富水平 x^*：当 $x \leqslant x^*$ 时，$c=x$，居民不进行任何储蓄，消费函数为一条 45°直线；当 $x \geqslant x^*$ 时，$c \leqslant x$，居民才开始进行储蓄。① 从消费者行为角度分析，这一特定财富水平 x^* 就等同于传统消费函数中的自发消费。樊纲、王小鲁使用消费条件指数研究了自发消费的变动，认为："不同经济发展阶段上的收入水平、消费习惯的差异、未来收入预期、收入分配等因素都会影响最低消费水平和边际消费倾向。基础设施条件和一系列社会环境因素也会对消费形成制约和促进。在这种情况下最低消费水平和边际消费倾向都不再是常数，而可以定义为若干变量的函数。"② 他们定义的函数形式为

$$C = A(X_1, X_2, \cdots, X_n) + \alpha(X_1, X_2, \cdots, X_n) Y \qquad (4-14)$$

该模型对自发消费与边际消费倾向设置了相同的影响因素，且在计量中使用总消费量作为被解释变量，各种影响因素之间产生的多重共线性影响了参数估计的效果。自发消费作为消费的一个重要组成部分，其变动不仅会导致居民消费数量和福利水平发生变化，而且能使短期消费函数发生平移，进而改变长期消费函数的形状。特别是在我国经济体制改革的大背景下，其变动尤为剧烈，采用时间序列数据或者各地区截面数据直接估计消费函数就需要考虑参数的变化，试图使用不变参数方法必然会产生错误。③

---

① Deaton A., "Saving and Liquidity Constraints," *Econometrica* 59 (1991): 1221-1248.

② 樊纲、王小鲁:《消费条件模型和各地区消费条件指数》,《经济研究》2004 年第 5 期。

③ 赵卫亚:《中国城镇居民消费函数的变系数 Panel Data 模型》,《数量经济技术经济研究》2003 年第 11 期；谢子远、王合军、杨义群:《农村居民消费倾向的变参数估计及其演化机理分析》,《数量经济技术经济研究》2007 年第 5 期。

2. 自发消费与参考点

传统凯恩斯消费函数的表述形式在理论分析中存在很大问题，因为它仅能解释消费的分解，却不能解释收入的分解。从消费的角度看，该方程表现为总消费等于自发消费加上引致消费；但是从收入的角度分析，仅仅表现为居民把全部收入的一个固定比例作为引致消费，无法得知收入如何分解为自发消费与引致消费两部分，看不出收入在自发消费和引致消费之间的分解机制与分割过程。从居民进行消费决策的角度考虑，在取得收入后，居民首先满足自己的基本需求，然后才会将剩余的收入按照一定比例用于其他消费。对前面分段线性消费函数的第二部分进行变化，得

$$c = x^* + b(y - x^*) = x^* - bx^* + by$$
$$= x^*(1-b) + by = a + by \tag{4-15}$$

与最初的凯恩斯消费函数对比可知，自发消费 $a = x^*(1-b)$。只是在实际的估计过程中，对自发消费的估计使用了全部数据，而对参考点的估计仅仅使用了可支配收入中处于参考点以上的数据。当边际消费倾向保持不变时，自发消费的变动实质上源于参考点的变化，对参考点的影响因素也就是对自发消费的影响因素。

二　参考点与最低生活成本

从杜森贝利开始，人们将居民"不愿意降低自己的生活标准"作为对消费习惯的定义，此后的研究也都以生活水平为消费习惯的代表。由于损失规避参考点与消费习惯存在密切关系，作为生活水平最终衡量标准的最低生活成本也必然与参考点存在内在联系（对该问题的详细论述请参见第三章第四节）。克莱因和罗宾（Klein and Rubin) 给出的最低生活成本定义是,在报告期价格水平下,达到基期效用水平所需要的最小支出,[1] 也就是使消费者保持固定不变效用的最小支出。为计算居民最低生活成本指数,他们提出的效用函数为

$$U = \sum_{i=1}^{n} \alpha_i \ln(q_i - r_i) \qquad (4-16)$$

其中,α_i 为边际预算份额,r_i 为第 i 种商品的基本需求量。该效用函数表示居民通过基本需求实现的效用是不变的,即使基本需求量发生变化,居民效用水平也维持不变,这一效用是对更高水平消费产生效用进行度量的起点。1954 年,斯通在预算约束 $\sum_{i=1}^{n} p_i q_i = V$ 下对 (4-16) 式求极值,[2] 使效用最大化的拉格朗日函数为 $L = \sum_{i=1}^{n} \alpha_i \ln(q_i - r_i) - \lambda(\sum_{i=1}^{n} p_i q_i - V)$,对 q_i 求偏导得 $\frac{\partial L}{\partial q_i} = \frac{\alpha_i}{q_i - r_i} - \lambda p_i = 0$,进一步变形得 $\alpha_i = \lambda p_i (q_i - r_i)$,对 n 类商品求和得 $\sum_{i=1}^{n} \alpha_i = 1 = \lambda \sum_{i=1}^{n} p_i (q_i - r_i)$,可得 $\lambda = \frac{1}{\sum p_i (q_i - r_i)}$,再将 λ 带回,得 $\alpha_i = \lambda p_i (q_i - r_i) = \frac{1}{V - \sum p_i r_i} p_i (q_i - r_i)$,整理后可得到线性支出系统需求函数:

$$p_i q_i = p_i r_i + \alpha_i (V - \sum_{j=1}^{n} p_j r_j) \qquad (4-17)$$

---

[1] L. R. Klein, and H. Rubin, "A Constant Utility Index of Cost of Living," *The Review of Economic Studies* 2 (1947–1948): 84–87.

[2] Richard Stone, "Linear Expenditure Systems and Demand Analysis: An Application to the Pattern of British Demand," *The Economic Journal* 255 (1954): 511–527.

1975年，吕什（Lluch）以收入 I 代替总支出 V，以边际消费倾向 β_i 代替边际预算份额 α_i，[①] 得到扩展线性需求函数：

$$p_i q_i = p_i r_i + \beta_i (I - \sum_{j=1}^{n} p_j r_j) \qquad (4-18)$$

对（4-18）式的 n 种商品求和，得

$$\sum_{i=1}^{n} p_i q_i = \sum_{i=1}^{n} p_i r_i + \sum_{i=1}^{n} \beta_i (I - \sum_{j=1}^{n} p_j r_j) \qquad (4-19)$$

其中，$\sum_{i=1}^{n} p_i q_i$ 为全部消费支出，可以用 c 来表示；$\sum_{i=1}^{n} p_i r_i$ 为居民最低生活成本，可以用 m 来表示；$\sum_{i=1}^{n} \beta_i$ 为边际消费倾向，可以用 b 来表示。重写（4-19）式，为

$$c = m + b\ (y - m) \qquad (4-20)$$

由此可以得出，居民消费决策的参考点与最低生活成本几乎一致，两者的不同之处也仅仅是估计时数据范围的差异。克莱因和罗宾认为由最低生活成本实现的效用是不变的，这与价值函数中对参考点效用的定义是一致的。[②] 为下文表述方便，我们把由最低生活成本实现的效用等同于参考点效用。由此可知，最低生活成本的提高并不能增加居民效用，消费水平处于最低生活成本位置的居民仅仅能够维持最基本的参考点效用，如果考虑到最低生活成本对引致消费的挤出作用，其增加还会

---

① C. Lluch, and R. Williams, "Consumer Demand Systems and Aggregate Consumption in the USA: An Application of the Extended Linear Expenditure System," *Canadian Journal of Economics* 1 (1975): 49-66.

② L. R. Klein, and H. Rubin, "A Constant Utility Index of Cost of Living," *The Review of Economic Studies* 2 (1947-1948): 84-87.

减小居民总效用水平。

从截面上看,不同地区居民的最低生活成本有两类影响因素:第一类因素是价格及环境导致的生活成本,如北方需要更多的取暖支出,大城市居民需要支付更高的住房与服务费用,这类因素导致的高成本不会带来高效用;第二类因素是消费条件因素,由第一类因素导致的高成本同时带来了高效用,以城乡差异为例,城市居民的最低生活成本为同期农村居民的2~3倍,但同时城镇居民也享受了比农村居民高得多的福利,如优良的购物条件、便利的交通、丰富的文化产品等。从时间序列上看,随着时代的进步以及生活方式的改变,维持生存所必需的产品也不断升级,如冰箱、电话、汽车等产品由奢侈品慢慢变为必需品,随着自发消费的增加,人们也享受了更多的便利。我们这里仅在截面上从价格水平和消费条件两个方面分析最低生活成本的福利效果。

三 参考点与贫困线

经济合作与发展组织在1976年组织了一次对其成员的大规模调查后,提出了一个贫困标准,即以一个国家或地区社会中位收入或平均收入的50%为这个国家或地区的贫困线,这就是后来被广泛运用的国际贫困标准。按照这个标准计算,我国2008年城镇居民人均可支配收入为15781元,则城镇居民贫困线应该为7890.5元,前面我们计算得到的城镇居民损失规避转折点为5004.3元,低于这一水平;农村居民人均纯收入为4761元,农村居民贫困线应该为2380.5元,我们计算得到的农村居民损失规避转折点为2381.8元,与这一水平非常接近。

2008年底之前,我国政府确定的贫困线为人均年收入785元。2009年3月17日,国务院扶贫办将这一标准提高到了1196元,但是这依然大大低于我们计算得到的城乡居民参考点。

参考点（最低生活成本）是计算居民基本效用以上效用的起点，最低生活成本占总消费的比重增大，反而会挤出居民的引致消费，造成居民福利水平降低。因此，不应该把增加生活成本作为启动消费的主要手段。

第五节 本章小结

从凯恩斯提出消费函数理论开始，就不断有学者论及消费行为的两阶段性，即"满足人们及其家庭现行的基本生活需要通常比积累具有更强的动机，只有在达到一定的舒适程度以后，积累的动机才会较强"。不同类型的支出在人们决策过程中的作用是不同的。由消费者的损失规避行为可知，即使当第一期收入 Y_1 小于参考点时，消费者也将尽可能增加第一期消费以使一生总效用不断增加，其增加幅度取决于消费者面临的流动性约束，但是肯定不会存在储蓄行为。迪顿认为消费者没有能力通过复杂的最优化计算来确定自己的最优消费路径，仅仅根据经验法则指导其消费行为。消费者的消费规则为：在困难时，消费者花光所有收入；当收入超过某一"最小必须量"时，消费者便储蓄固定比例的收入余额，即采用分段线性的消费函数。我们采用山东省居民住户调查微观数据和全国城乡住户调查分层数据验证了消费行为的两阶段性，两方面的数据都支持了我们的结论。

随后，我们分析了分段线性消费函数条件下收入分配对总消费的影响，结论是：补贴收入处于参考点以下的居民能够有效扩大消费，而收入超过参考点的居民，其边际消费倾向远小于1。等量转移支付，参考点以下居民增加的消费为参考点以上居民的两倍，补贴参考点以下居民的政策效果优于补贴参考点以上居民。因此，应该开征垄断税，通过宏观调控手段直接从企业部门转移部分收入直接用于社会保障体系建设，可以起到减小收入差距和扩大消费的双重作用。

从计算公式上看，自发消费和最低生活成本具有共同的性质，其区别在于自发消费是一个通过数据模拟得到的虚拟值，在消费决策中并不具有实际的作用，而最低生活成本则是消费决策要首先扣除的量，它与参考点的区别在于两者估计时所采用的数据区间不同。

第五章　中国居民消费行为和消费内生增长

从前面的分析结论看，内生消费的增加表现为平均消费倾向的上升，而平均消费倾向可以被分解为两部分，即 $c/y = m/y \cdot (1-b) + b$，参考点在收入中所占比重的变动和边际消费倾向发生变动都会导致平均消费倾向的变化。作为居民消费行为模式的直观反应，边际消费倾向的变动过程反映了我国居民面临的内外约束的变化过程。我们首先通过描述制度变迁和居民所受内外约束的转变，定性分析居民消费和储蓄行为的社会背景；随后采用我国数据实证居民消费行为的损失规避特征，并在此基础上分析损失规避下促进消费内生增长的方法。

在收入既定的条件下，通过探析收入以外的因素对居民消费的影响，分析导致参考点和边际消费倾向发生变动的因素，就可以得到促进消费内生增长的方法。因为收入低于参考点的居民平均消费倾向等于边际消费倾向，且等于1，所以这里仅讨论收入高于参考点的居民的边际消费倾向。我们首先在前面具有损失规避特征的消费函数的基础上，分别引入未来收入风险和参考点变动两种因素，通过理论模型得出这两种因素对边际消费倾向的影响，随后，以居民边际消费倾向为被解释变量，以我国数据实证这两种因素对居民边际消费倾向的影响。对于参考点的变动,很难被统一到一个完整的理论框架内进行分析,本章将主要从居民生活成本的角度寻找可能的影响因素,以实证判断房价、社会保障、大额刚性支出等因素对参考点的影响。

第一节 中国消费者行为模式的变化过程

新中国成立以来,我国经历了计划经济体制、价格双轨制和市场经济体制三种经济体制,在三种不同的经济体制中,消费者面临的外部环境不同,消费者的行为模式自然也不一样,由此产生的内生消费也就不同。下面对我国消费者消费行为模式的变动进行历史考察。

在1978年以前,我国实行的是高度中央集权的计划经济体制,实行的是低工资和全面的福利补偿,制约我国居民消费最重要的因素是商品短缺,多数商品凭票供应,居民长期处于有钱没处花的境况,消费力受到抑制。从居民储蓄动机的角度看,1978年以前的居民储蓄属于"强制储蓄",其储蓄数额与购买意愿无关,这一时期的居民平均消费倾向为0.9850。1979~1992年为价格双轨制时期,商品逐渐丰富,收入分配多元化,居民收入迅速增长,同时福利制度也进一步被强化,住房补贴、价格补贴、就业退休及医疗福利等制度被进一步强化,[①] 居民对未来的预期较为乐观,这一阶段的市场呈现购销两旺的态势。这一时期的居民储蓄动机主要是日后购买大件商品,1988年中国社会科学院所做的调查显示,城镇居民储蓄动机排在第一位的是购买耐用消费品,处于第二位的是供养子女,该时期的居民平均消费倾向为0.8572。1992年以后,

---

① 龙志和:《我国城镇居民消费行为研究》,《经济研究》1994年第4期。

我国进行了迅速的市场化改革，除了居民收入继续增加外，传统的社会保障制度开始解体，医疗、教育、住房、就业和养老等方面的改革逐步展开，不确定性预期逐渐加强，居民消费倾向逐年下降。从1989年开始，受纺织业出口下降的影响，部分职工开始下岗，消费倾向也相应开始下降。1992年以后，原有社会保障制度解体导致居民风险意识不断强化，其储蓄中预防性动机逐渐增加。1997年，我国城镇居民生活状况调查所公布的居民储蓄动机数据显示，排在第一位的是子女教育，处于第二位的是应付疾病及意外急用，该时期的居民平均消费倾向为0.7622。我们这里通过边际消费倾向来分析居民内生消费的变动过程，我国城镇居民1985～2008年边际消费倾向数据如图5-1所示。

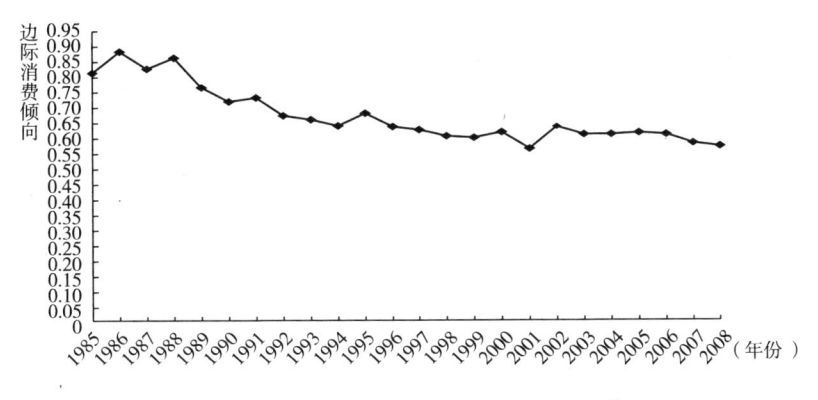

图5-1 1985～2008年城镇居民边际消费倾向

由于受数据限制，我们仅能得到1985年以后的边际消费倾向。从图5-1可以看出，1988年以前，城镇居民边际消费倾向虽然波动较为剧烈，但是一直处于较高水平；1988～1998年，城镇居民边际消费倾向几乎呈现直线下降的态势，从1988年的0.86下降到1998年的0.61，十年时间下降了25个点；1998年以后，城镇居民边际消费倾向经历了一个较为平稳的阶段，一直稳定在0.61附近；然而从2006年开始，又出现了显著下降趋势。农村居民从 2002 年开始才公布五等分的分层消费和收入数据，表 5-1 列出了 2002~2008 年的农村居民边际消费倾向。

表 5-1 2002~2008 年农村居民边际消费倾向

年　　份	2002	2003	2004	2005	2006	2007	2008
边际消费倾向	0.50	0.50	0.50	0.47	0.51	0.50	0.50

从表 5-1 可知，农村居民边际消费倾向一直稳定在 0.50 左右，2005 年出现了微小下降，但随后又回到原有水平。我国的改革长期以城市为中心，在农村则大力推行延长土地承包期限、鼓励粮食生产等措施，城市的社会保障制度改革也基本未能影响农村居民，使得农村居民一直面临较为稳定的制度环境，这是农村居民具有稳定的消费行为模式的关键原因。回顾我国居民消费倾向的变动历史，从 20 世纪 90 年代开始，城乡居民消费倾向一直呈现不断下降的态势，造成其下降的主要原因就是制度环境改变对居民消费决策产生了影响。

由于难以得到农村居民 2002 年以前的分层数据，我们无法研究其边际消费倾向的长期变动过程，图 5-2 列出了 1985 年以来城乡居民平均消费倾向的变动过程，从平均消费倾向方面比较了城乡居民消费行为的差异。

在 1996 年以前，城乡居民平均消费倾向高度一致，之后城镇居民的平均消费倾向呈直线下降趋势，而农村居民平均消费倾向则先经历了一个迅速下降的过程，随后稳定在 0.75 附近。2005 年，农村居民平均消费倾向和边际消费倾向都出现了异常变动，仔细分析后发现，当年参考点比上年增长了 41.05%，这导致边际消费倾向突然下降，而平均消费倾向则突然上升，在随后的几年内该冲击才

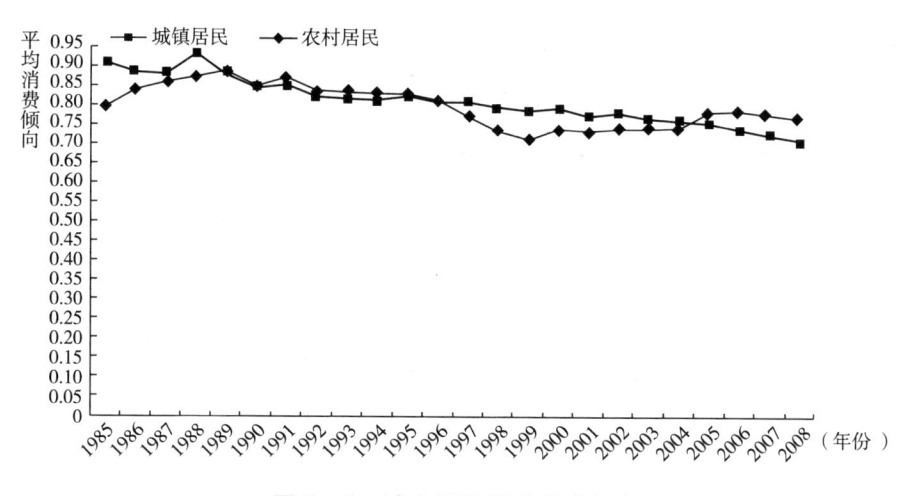

图 5-2 城乡居民平均消费倾向

慢慢被冲淡。

居民储蓄动机作为制约居民消费的因素,可以为我们分析居民消费行为模式提供更有力的支持。从另一个视角看,储蓄动机也就是居民在当期放弃消费的原因,而不同储蓄动机对消费的影响差异很大。按对消费影响力的差异,储蓄动机可以分为未来消费(如养老、购买大件商品、就医、教育等)、购房和金融投资(从统计口径上看,购房属于投资行为)、到国外消费等几类,我们分别分析这几类动机对消费的影响力。

为未来消费而进行的储蓄几乎不会影响总消费,特别是经过一个较长的时期后,社会上总有一部分人经过长期储蓄后开始购买,购买发生时其当期消费额将远大于当期收入,这将从很大程度上抵销当期新增的储蓄,全社会的储蓄存款余额将保持一种动态平衡,即一部分人储蓄,另一部分人提取储蓄用于消费。这一类储蓄动机导致的储蓄变动,其特点是仅在某一阶段全社会储蓄存款余额会增加,随后当一部分人经过积累而具有购买能力后,总体的储蓄存款余额会趋于稳定,从社会整体上看依然是总收入等于总消费。消费信贷则是这一类储蓄机制的反向过程，消费者先通过贷款实现消费，随后再以偿还贷款的形式储蓄，经过一段时间以后，社会上将会出现一部分人借贷、另一部分人还款的动态平衡，从整体上看也是总收入等于总消费。如果没有较为完善的消费信贷体系，社会上将会出现一定数额的存款余额，作为收入与大额购买之间的缓冲；反之，将会出现一定数额的信贷总量，作为收入与大额购买之间的缓冲。总之，从长期看，这一类储蓄和信贷行为不影响当期总收入与总消费之间的平衡。

为购房而进行的储蓄①不会减少社会的购买力，但是由于统计归类的原因，这部分购买力被归入社会投资。从统计结果看，购房支出会形成消费与收入之间的差距。由于在短期内我国居民购房以按揭贷款为主，为贷款的后期还款而产生的"储蓄"尚在缓慢增加的过程中，购房支出对收入的扣减作用将逐渐加强。由于统计口径的原因，此类储蓄行为无法最终导致全社会收入与消费之间的平衡。为金融投资而进行的储蓄也有类似的作用，无论投资者挣钱还是赔钱，都只是社会范围内的收入再分配问题，不会导致全社会总体收入的减少。

然而购买住房和金融投资都存在一个共同的问题，即这两类行为都会导致居民收入发生大规模转移，而且基本上是转移到垄断部门和具有超高收入的居民手中。如果垄断部门和高收入居民在国内消费其全部收入，则最终也会导致全社会收入和消费的平衡。如果这些收入被用于在国外消费与增加金融资产，就等同于转化成了人们为送子女出国留学和购买国外奢侈品而进行的储蓄，最终必然导致国内消费减少。联合国教科文组织指出，中国已经成为世界上出国留学人数最多的国家。根据教育部的数据，自改革开放到 2008 年底，我国以留学

---

① 如果贷款买房，随后按揭还款，这种形式等同于先投资后储蓄。

生身份出国仍然在外的人员有100余万人，2009年度出国留学人数达22.93万人，其中自费留学人员达21.01万人。以每人每年在国外花费10万元计算，120万人每年的支出就为1200亿元。国家旅游局2010年1月25日公布的数字显示，2009年我国出境旅游人数为4766万人次。"世界免税协会与尼尔森中国游客的联合调查"显示，我国游客每人每次出境旅游时平均的购物支出为928美元，在欧洲旅游时购物支出最多，每人每次平均支出1408美元。综合前述数据，在国外接受教育、境外旅游和进口奢侈品消费已成为我国具有较高收入居民的重要支出内容。

第二节　中国居民损失规避行为的实证

霍尔将理性预期引入持久收入/生命周期理论，在实际利率等于时间偏好率的假定下，得出最优消费路径是独立于收入的随机游走过程，[①] 即如果消费者关于持久收入的预期是理性的，则前期消费就是本期持久收入的最佳预期，本期消费仅与前期消费有关，其他任何变量对本期消费都没有解释能力。但大量的实证研究并不支持随机游走假说，学者们从很多方面对这一现象给予了解释，如预防性储蓄动机、短视行为、流动性约束、资本市场不完善等。然而，二战后美国的消费者对可预期收入的下降表现得更为敏感，不管是短视行为还是流动性约束，都不能解释这种行为。当消费者短视时，消费变动紧跟收入变动，对可预

[①] Hall R. E., "Stochastic Implications of the Life Cycle-permanent Income Hypothesis: Theory and Evidence," *Journal of Political Economy* 86 (1978): 971–987.

期收入的增加或减少的反应是对称的;当消费者具有流动性约束时,仅当收入上升时无法相应提高消费,当预期收入下降时其消费会相应下降。本研究采用谢研究损失规避时提出的模型,以我国城镇居民收入和消费数据验证消费行为的损失规避特征。[①]

一 检验损失规避行为的计量模型

坎贝尔和曼昆将经济体中的消费者分成两类,总的可支配收入为 y_t。[②] 第一类消费者为凯恩斯型消费者,比例为 λ,其当期消费水平 c_{1t} 由当期收入 y_{1t} 决定,即有 $c_{1t} = y_{1t} = \lambda y_t$,且 $\Delta c_{1t} = \lambda \Delta y_t$;第二类消费者所占比例为 $1-\lambda$,当期消费为 c_{2t},有 $\Delta c_{2t} = (1-\lambda)(a + br_t + \varepsilon_t)$,且 $\Delta c_t = \Delta c_{1t} + \Delta c_{2t}$,简化后可得

$$\Delta c_t = \eta + \lambda \Delta y_t + \theta r_t + \mu_t \qquad (5-1)$$

其中,$\eta = (1-\lambda)a$,$\theta = (1-\lambda)b$,$\mu_t = (1-\lambda)\varepsilon_t$。坎贝尔和曼昆通过实证发现 λ 介于 0.351 与 0.713,且在统计上显著,但是他们并没有进一步研究 λ 存在的原因。谢在坎贝尔和曼昆研究的基础上,进一步研究了不同理论下 λ 的取值。[③] 在短视行为下,消费主要依靠当期收入,预期收入的增加或者减少对消费的影响是对称的;但是,在流动性约束条件下,收入增加对消费产生的影响要大于收入减少对消费产生

[①] John Shea, "Myopia, Liquidity Constraints, and Aggregate Consumption: A Simple Test," *Journal of Money, Credit and Banking* 3 (1995): 798–805.

[②] John Y. Campbell, and N. Gregory Mankiw, "Permanent Income, Current Income, and Consumption," *Journal of Business & Economic Statistics* 3 (1990): 265–279.

[③] John Shea, "Myopia, Liquidity Constraints, and Aggregate Consumption: A Simple Test," *Journal of Money, Credit and Banking* 3 (1995): 798–805.

的影响。基于上述讨论，下面的回归方程可以检验流动性约束或短视行为的存在。

$$\Delta c_t = \eta + \lambda_1 (POS_t) \Delta y_t + \lambda_2 (NEG_t) \Delta y_t + \theta r_t + \mu_t \quad (5-2)$$

其中，POS 和 NEG 是虚拟变量，分别表示"好年份"和"坏年份"。以前一期收入变动为当期收入变动的预期，即 $\Delta y_{t-1} = \Delta \hat{y}_t$，当期实际收入增长 Δy_t 高于预期值 $\Delta \hat{y}_t$ 时被称为"好年份"，此时 $POS=1$（$NEG=0$）；而当期实际收入增长 Δy_t 低于预期值 $\Delta \hat{y}_t$ 时被称为"坏年份"，则 $POS=0$（$NEG=1$）。由于存在流动性约束时，消费变动对预期收入增加的反应更强烈，而存在损失规避时则刚好相反，消费变动对预期收入下降的反应更强烈，因此可以用上面的模型分析消费者是否存在损失规避行为。

我们将利用我国城镇居民的消费数据和上面的模型实证我国城镇居民的消费行为，在短视行为下，$\lambda_1 = \lambda_2 > 0$；在流动性约束下，$\lambda_1 > \lambda_2 > 0$；在前景理论下，$\lambda_2 > \lambda_1 > 0$。以此为标准，可判断居民消费行为究竟是符合短视行为，还是流动性约束，或者是损失规避。由于我国处于转型时期，为反映制度变迁对消费的影响，加入时间变量 T，所得模型为

$$\Delta c_t = \eta + \lambda_1 (POS_t)(1+\delta T) \Delta y_t + \lambda_2 (NEG_t)(1+\delta T) \Delta y_t + \theta r_t + \mu_t$$
$$(5-3)$$

其中，δ 表示消费随时间变化的系数。在经济转轨时期，失业下岗人数不断增加，福利分房、医疗、教育等都受到影响，加大了城镇居民未来收支的不确定性，为了应对这种不确定性，居民预防性储蓄动机增强，消费会相应减少。

二 对损失规避行为的实证检验

1. 数据来源和变量选取

因为我国城镇居民消费的季度数据不全,所以本研究选取1980～2008年城镇居民消费的年度数据,验证我国居民的消费行为。其中,城镇居民的人均消费支出、人均可支配收入的数据均来源于《中国统计年鉴》;名义利率数据来源于国研网,为历年中国人民银行公布的存款基准利率。c_t 是经城镇居民价格指数调整后的不变价人均消费支出,y_t 是经城镇居民价格指数调整后的不变价人均可支配收入,r_t 是名义利率经过通货膨胀平减之后得到的实际利率。

工具变量(GMM)估计的优点在于可选取滞后的因变量和自变量作为工具变量,以解决估计的不一致性。解释变量中的利率、人均可支配收入与消费之间可能存在双向的因果关系,而且随机误差项 ε_{it} 也可能和解释变量相关,从而导致偏差和非一致的估计值,因此,在估计的过程中需要使用工具变量法,并用 Δy_t 对这些工具变量进行回归分析,从而求出拟合值 $\Delta \hat{y}_t$,然后将其代入(5-2)式和(5-3)式进行估计,并最终估计出 λ 值。在工具变量的选取上,谢及其他学者一般采用第 $t-2$ 期至第 $t-4$ 期的滞后项作为工具变量,① 由于本研究选取的是1980～2008年城镇居民消费的年度数据而不是季度数据或月度数据,样本量较小,为了避免样本自由度过小而使估计结果出现偏差,本研究选取的工具变量均滞后一期。为了表述方便,这里将(5-2)式记为模型1,将(5-3)式记为模型2,为了检验GMM估计的稳定性,我们这里对

---

① John Shea, "Myopia, Liquidity Constraints, and Aggregate Consumption: A Simple Test," *Journal of Money, Credit and Banking* 3 (1995): 798-805.

模型 1 和模型 2 均选取三组工具变量，具体估计结果如表 5-2 所示。

表 5-2 工具变量

模型	
模型 1	List 1：Δc_{t-1}，$(POS)\Delta y_{t-1}$，$(NEG)\Delta y_{t-1}$，r_{t-1}
	List 2：$(POS)\Delta y_{t-1}$，$(NEG)\Delta y_{t-1}$，r_{t-1}
	List 3：Δc_{t-1}，$(POS)\Delta y_{t-1}$，$(NEG)\Delta y_{t-1}$
模型 2	List 1：Δc_{t-1}，$(POS)\Delta y_{t-1}$，$(NEG)\Delta y_{t-1}$，$(POS)T\Delta y_{t-1}$，$(NEG)T\Delta y_{t-1}$，r_{t-1}
	List 2：$(POS)\Delta y_{t-1}$，$(NEG)\Delta y_{t-1}$，$(POS)T\Delta y_{t-1}$，$(NEG)T\Delta y_{t-1}$，r_{t-1}
	List 3：Δc_{t-1}，$(POS)\Delta y_{t-1}$，$(NEG)\Delta y_{t-1}$，$(POS)T\Delta y_{t-1}$，$(NEG)T\Delta y_{t-1}$

2. 估计结果

由于本研究的样本量比较小，采用 GMM 估计可能会产生一定的偏差，为稳妥起见，本研究同时采用了最小二乘方法（OLS），采用 Eviews6.0 软件，这里分别列出最小二乘法和 GMM 的估计结果，估计结果如表5-3所示。

表 5-3 最小二乘法和工具变量估计结果

模型	估计方法	工具变量	η	θ	λ_1	λ_2	δ	$\bar{R}^2$
模型 1	OLS	—	6.4786 (1.33)	-0.4988 (-0.71)	0.2114 (13.34)	0.8831 (8.91)	—	0.8734
	GMM	List 1	4.6329 (0.70)	3.2749 (1.53)	0.5024 (15.14)	0.8781 (8.75)	—	0.7113
		List 2	6.5123 (1.22)	1.7434 (0.82)	0.1056 (15.73)	0.6401 (7.68)	—	0.8152
		List 3	8.0362 (0.48)	9.5529 (0.69)	0.3791 (5.72)	0.7684 (3.44)	—	0.8316

153

续表

模型	估计方法	工具变量	η	θ	λ_1	λ_2	δ	$\bar{R}^2$
模型 2	OLS	—	4.0172 (0.56)	-0.4547 (-0.61)	0.5179 (2.64)	0.8509 (2.56)	-0.0118 (-0.85)	0.8673
	GMM	List 1	-22.5651 (-1.34)	1.1836 (0.83)	1.2294 (3.29)	3.0093 (3.05)	-0.0156 (-1.72)	0.7013
		List 2	-22.2936 (-1.62)	0.7748 (0.63)	1.2942 (4.53)	2.9414 (3.27)	-0.0162 (-2.47)	0.7416
		List 3	-35.0647 (-0.37)	12.9075 (0.51)	1.2801 (2.57)	5.1287 (4.68)	-0.0146 (-0.27)	0.7619

从表 5-3 的估计结果可以看出，不管是最小二乘法估计还是工具变量估计，结果基本一致，λ_1 和 λ_2 都显著大于零，且 $\lambda_1 < \lambda_2$，说明随机游走假说不成立，转型时期我国城镇居民存在消费的过度敏感性。从表 5-3 中参数的估计结果可以看出，损失规避行为是我国城镇居民消费过度敏感的原因。相对于模型 2 而言，模型 1 的估计结果中 λ_1 与 λ_2 都介于 0 和 1，两者的差额较小，而模型 2 中 λ_1 与 λ_2 差额较大，且值几乎都大于 1。

第三节 参考点变动对边际消费倾向的影响

边际消费倾向的影响因素主要有消费者的心理偏好、风险厌恶程度、对未来的预期等因素。本节将在前面理论模型的基础上，从截面数据与时间序列数据两个方面分析参考点对边际消费倾向的影响。

一 基于时间序列数据的实证分析

限于数据的可获得性，我们仅仅以城镇居民为例进行实证。从第四章第二节的数据可以看出，在参考点较高的年份，城镇居民的边际消费倾向会比较低；而在参考点较低的年份，边际消费倾向一般会很高，呈现反向变动。从边际消费倾向与参考点的折线图可以更直观地观察这两个序列，发现它们呈明显的负相关，其相关系数为 -0.85。

这里利用误差修正模型检验边际消费倾向与参考点之间存在的关系，由于参考点是按现价进行计算的，本研究利用 1985~2008 年我国城镇居民消费价格指数（1985 年为基期）将其调整为可比价。接下来我们以边际消费倾向为被解释变量，以不变价参考点为解释变量，建立回归方程。如果变量不平稳而直接进行估计的话，会出现"伪回归"，因此在估计回归模型之前需要首先对边际消费倾向和参考点进行单位根检验，检验这两个变量是否为平稳序列。本研究选择 ADF 方法进行单位根检验，以 MPC 代表边际消费倾向，以 ref 代表不变价参考点，ΔMPC 和 Δref 分别表示相应变量的一阶差分，检验结果如表 5-4 所示。

表 5-4 变量平稳性检验结果

城 镇	ADF	1%的显著性水平	5%的显著性水平	10%的显著性水平	结 论
MPC	-1.5322	-4.4407	-3.6329	-3.2547	非平稳
ref	-2.8026	4.4163	-3.6220	-3.2486	非平稳
ΔMPC	-8.4026	-3.7696	-3.0049	-2.6422	平稳
Δref	-6.0255	-4.4407	-3.6329	-3.2547	平稳

从检验结果可以看出，不管是在 1% 的显著性水平下还是在 5% 或 10% 的显著性水平下，都拒绝边际消费倾向和参考点序列没有单位根的

原假设,说明这两个序列都存在单位根,是非平稳序列。但是,一阶差分之后,这两个变量都通过了单位根检验,接受原假设,即一阶差分后的序列是平稳的。也就是说,边际消费倾向和参考点的原序列都是一阶单整的,均为 $I(1)$ 过程,其一阶差分序列均为 $I(0)$ 过程。由于不平稳序列不能直接进行回归分析,因此需要进行协整检验看这两个变量之间是否存在协整关系,这里选择 Johansen 极大似然法进行协整检验,检验结果如表 5-5 所示。

表 5-5 协整检验结果

协整变量	特征值	迹统计量	5%临界值	原假设
(MPC, ref)	0.5202	16.5488	12.3209	$r=0$
	0.0177	0.3932	4.1299	$r \leq 1$

表 5-5 的检验结果表明,在原假设 $r=0$ 时,在 5% 的显著性水平下,迹统计量大于临界值,拒绝"没有协整关系"的原假设;在原假设 $r \leq 1$ 时,在 5% 的显著性水平下,迹统计量小于临界值,接受"最多只有一个协整关系"的原假设。综合上面两点,我们知道边际消费倾向和参考点之间存在而且仅存在一个协整关系。利用 Eviews 6.0 对上述变量进行回归分析,估计结果为

$$MPC = 0.9971 - 0.0004 ref \quad (5-4)$$
$$(15.12) \quad (-5.00)$$

$R^2 = 0.53$,从回归系数来看,参考点对边际消费倾向的负向影响显著,参考点每增加 1 元,边际消费倾向将减小 0.0004。进一步检验残差 e_t 的平稳性,选择没有趋势项和截距项的回归方程,在 5% 的显著性水平上拒绝残差序列不平稳的原假设,即认为残差序列是平稳序列,也就是说,边际消费倾向和参考点之间存在长期稳定的关系。

协整检验及上述回归式表明,边际消费倾向和参考点之间存在长期均衡关系,两者之间的短期动态关系通过误差修正模型分析,为

$$\Delta MPC = -0.0002\Delta ref - 0.2229 e_{t-1} \quad (5-5)$$
$$(-1.76) \quad (-1.69)$$

常数项的 T 值不显著,因此去掉常数项,不变价参考点的差分、误差修正项的系数在10%的显著性水平下通过显著性检验。从短期来看,参考点对边际消费倾向的影响依然是负的,只不过相对于长期的数值而言,短期的影响较小;误差修正项符合反向修正机制,该数值较大,说明边际消费倾向向长期均衡状态的调整速度比较快,也就是说,即便是边际消费倾向偏离长期均衡状态,也会很快地调整过来。

二 基于面板模型的实证分析

为了便于分析各省份的参考点对边际消费倾向的影响,这里使用面板数据进行估计。

1. 变量选取及数据来源

由于河北省、湖南省、贵州省和甘肃省四个省份数据缺失,因此本研究的样本是我国内地其余 27 个省份,数据年份区间为 2000~2007 年,被解释变量是边际消费倾向,解释变量是参考点。同时间序列分析中的边际消费倾向、参考点计算方法一样,我们利用截面数据估计各省份 2000~2007 年的边际消费倾向和参考点,由于参考点是现价,为了消除价格因素对参考点的影响,利用 2000~2007 年各省份城镇居民消费价格指数(以 2000 年为基期)将参考点调整为可比价。

2. 面板数据模型设定检验

根据系数相等与否,面板数据模型 $y_{it} = \alpha_i + x_{it}\beta_i + u_{it}$ 可分为不变系

数模型（$\alpha_i = \alpha_j$，$\beta_i = \beta_j$）、变截距模型（$\alpha_i \neq \alpha_j$，$\beta_i = \beta_j$）和变系数模型（$\alpha_i \neq \alpha_j$，$\beta_i \neq \beta_j$）三类。为了确定样本数据所适合的面板模型类型，需要首先利用 F 检验来进行模型设定检验，主要检验如下两个假设。

$$H_1: \beta_1 = \beta_2 = \cdots = \beta_N;\ H_2: \alpha_1 = \alpha_2 = \cdots = \alpha_N, \beta_1 = \beta_2 = \cdots = \beta_N$$

检验统计量服从相应自由度下的 F 分布：

$$F_2 = \frac{(S_3 - S_1) / [(N-1)(k+1)]}{S_1 / [NT - N(k+1)]} \sim F[(N-1)(k+1), NT - N(k+1)]$$

(5-6)

$$F_1 = \frac{(S_2 - S_1) / [(N-1)k]}{S_1 / [NT - N(k+1)]} \sim F[(N-1)k, NT - N(k+1)]$$

(5-7)

其中，N 是截面个数，T 为时期数，k 是解释变量个数，S_1 是变系数模型的残差平方和，S_2 是变截距模型的残差平方和，S_3 是不变系数模型的残差平方和。

如果计算得到的统计量 F_2 小于给定显著性水平下的相应临界值，则接受 H_2，认为样本数据适合建立不变系数模型，不需要进行进一步的验证。如果 F_2 不小于给定显著性水平下的相应临界值，则拒绝 H_2，需继续检验假设 H_1。如果计算得到的统计量 F_1 小于给定显著性水平下的相应临界值，则接受假设 H_1，认为样本数据适合建立变截距模型；反之，则认为样本数据符合变系数模型。

我国 27 个省份城镇居民 2000～2007 年的样本数据的 $F_2 = 1.75$，大于临界值 $F_{0.05}(52,52) = 1.58$，则拒绝 H_2，认为模型不适合建立不变系数模型；而 $F_1 = 0.58$，小于临界值 $F_{0.05}(26,52) = 1.71$，接受假设 H_1，认为我国城镇居民的样本数据适合建立变截距模型：

$$MPC_{it} = c + c_i + \beta ref_{it} + \varepsilon_{it} \qquad (5-8)$$

其中，c 表示各地区平均边际消费倾向，c_i 为第 i 个省份边际消费倾向对平均边际消费倾向的偏离，用来反映地区间边际消费倾向的差异，$c + c_i$ 为第 i 个省份的边际消费倾向，即没有其他因素影响情况下的边际消费倾向，ε_{it} 为随机误差项。

3. Hausman 检验

对于面板模型 $y_{it} = \sum_{k=1}^{K} \beta_k x_{kit} + \varepsilon_{it}$，如果不能满足正交性假设 $E(\varepsilon_{it}/X_{it}) = 0$，那么随机效应模型的 GLS 估计量 $\hat{\beta}_{GLS}$ 是有偏的和非一致的，而正交性不会影响固定效应模型的组内估计量 $\hat{\beta}_w$ 的性质。因此，可以通过检验模型误差项和解释变量的正交性来判断面板数据模型的设定。根据随机效应模型的 GLS 估计量 $\hat{\beta}_{GLS}$、固定效应模型的组内估计量 $\hat{\beta}_w$ 和组间估计量 $\hat{\beta}_b$ 之间的差值，即 $\hat{q}_1 = \hat{\beta}_{GLS} - \hat{\beta}_w$，$\hat{q}_2 = \hat{\beta}_{GLS} - \hat{\beta}_b$，$\hat{q}_3 = \hat{\beta}_w - \hat{\beta}_b$，构造统计量 $m_i = \hat{q}'_i V_i^{-1} \hat{q}_i$，$V_i = \text{Var}(\hat{q}_i)$，其中，$i = 1, 2, 3$。检验假设 H_0：$E(\varepsilon_{it}/X_{it}) = 0$；$H_1$：$E(\varepsilon_{it}/X_{it}) \neq 0$。在原假设成立的情况下，统计量 m_i 渐进服从 χ^2 分布，自由度为 k（解释变量的个数），而且三个统计量 m_i 是一致的。如果拒绝原假设，那么模型设定为固定效应是合理的；如果不能拒绝原假设，那么模型应该设定为随机效应。

Hausman 检验结果为 $\chi^2 = 13.04$，$P = 0.0003$，在 1% 的显著性水平下拒绝原假设，认为模型应该设定为变截距的固定效应面板模型。

4. 面板协整检验

我们利用面板协整来检验变量间是否存在长期关系，在协整检验之前，首先要对各变量进行面板单位根检验，以确定各变量的平稳性。进行面板单位根检验时，一般从向量自回归过程出发：

$$y_{it} = \rho_i y_{it-1} + X_{it}\delta_i + \varepsilon_{it} \qquad (5-9)$$

其中，i 代表面板截面个数，t 为时间跨度，X_{it} 是模型中外生常数项和时间趋势，ρ_i 是自回归系数。若 $|\rho_i| < 1$，则 y_{it} 为平稳过程；若 $|\rho_i| = 1$，y_{it} 有单位根，为非平稳序列。需要注意的是，根据 ρ_i 相同与否，单位根可以分为同质面板单位根（$\rho_i = \rho$，对任意 i 都成立）和异质面板单位根。同质面板单位根检验中比较常用的是 LLC 检验，该检验的原假设可以表示为 $H_0: \rho_1 = \cdots = \rho_N = \rho = 0$，备择假设为 $H_1: \rho_1 = \cdots = \rho_N = \rho < 0$。异质面板单位根检验方法常用的有 IPS 检验和 Fisher 检验，原假设均为存在单位根。为保证分析结论的稳健性，这里分别使用 LLC 检验、IPS 检验和 Fisher 检验。如果检验的变量均为一阶单整的，就需要进行协整检验，以确定变量之间是否存在长期关系。利用 Eviews 6.0 做面板单位根检验，检验方法及结果如表 5-6 所示。

表 5-6 面板单位根检验结果

检验方法	原假设	变量	常数项		常数项和趋势项		结论
			统计量	P	统计量	P	
LLC 检验	存在单位根	MPC	-12.14	0.00	-14.88	0.00	平稳
		ref	-10.68	0.00	-22.92	0.00	平稳
IPS 检验	存在单位根	MPC	-3.80	0.00	-0.62	0.27	平稳
		ref	-4.44	0.00	-1.37**	0.09	平稳
Fisher 检验	存在单位根	MPC	103.24	0.00	77.26*	0.02	平稳
		ref	115.48	0.00	93.30	0.00	平稳

注：**、*分别表示在10%和5%的显著性水平下通过检验。

由表 5-6 可以看出，LLC 检验、IPS 检验、Fisher 检验均拒绝存在单位根的原假设，即各变量都是平稳的序列，可以用一般的方法进行估计。

5. 估计结果

利用 2000~2007 年我国 27 个省份城镇居民的边际消费倾向和参考

点数据估计变截距的固定效应面板模型，在 $\alpha = 0.05$ 的显著性水平下，回归结果为

$$MPC = 0.7821 - 0.000052 ref \qquad (5-10)$$
$$(51.88) \qquad\qquad (-14.33)$$

$\bar{R}^2 = 0.71$，变截距的固定效应面板模型拟合良好，解释能力较强。各个地区的公共截距项是 0.7821，即我国 27 个省份的平均边际消费倾向为 0.7821。参考点对边际消费倾向的影响为 -0.000052，且在统计上显著，也就是参考点每增加 1 元，边际消费倾向的值会减少 0.000052。边际消费倾向在平均值 0.7821 之上的有 13 个省份，分别为北京、广东、重庆、上海、西藏、浙江、陕西、四川、天津、辽宁、宁夏、云南和湖北，样本区间内其余的 14 个省份都位于平均值之下。

第四节　风险对边际消费倾向的影响

从预防性储蓄理论的结论可知，当同时面临流动性约束和不确定性时，消费者会减少当期消费而增加储蓄，以预防未来收入的临时降低与意外支出，由此间接推论可得，未来的风险增加，未来消费的期望边际效用就会变大，这样会降低居民当期边际消费倾向。由本研究第四章的理论模型也可推知，未来获得低收入的概率越大，消费者就越倾向于降低当期消费。我国正处于一个体制转轨期，居民面临很大的不确定性，下面利用我国 1985~2008 年城镇居民的收入和消费数据实证风险对边际消费倾向的影响。

内生消费、消费行为和消费增长

一 风险的衡量

目前,理论界对不确定性的测度尚未形成一致的看法,多数学者以收入的方差(或标准差)为衡量指标,部分学者使用消费方差、失业率等其他指标来量化风险,然而各种方法都有其不足之处。

1. 收入的方差

卡罗尔和萨姆维奇(Carroll and Samwick)使用收入方差来表示风险,并利用 PSID(panel study of income dyanmics)数据来估计收入方差,然后通过对财富和收入方差进行回归分析来估计预防性储蓄的大小。① 卢萨尔迪(Lusardi)使用 HRS(health and retirement study)数据量化不确定性,他估计收入方差的公式是 $p(1-p)(1-\alpha)^2 Y^2$,其中,p 是下一年失去工作的客观概率,α 是失业保险替代率,Y 代表被调查者不丢掉工作时的持久收入。②

我国学者宋铮认为收入的不确定性是造成收入分配产生差距的重要原因,收入分配差距可以作为衡量收入不确定程度的指标;收入分配差距可以表示市场化的进程,市场化程度越高,收入不确定的程度也就越高。③ 收入分配差距间接代表了居民未来收入不确定的程度,因此用居民收入的标准差衡量不确定性。秦朵选用各地区居民收入的截面数据,构造了自己的收入差异指数,以此表示居民收入的不确定性。④ 孙凤、

---

① Carroll, and Samwick, "How important is Precautionary Saving," NBER working paper, Oct. 15, 1996.
② Annamaria Lusardi, "On the Importance of the Precautionary Saving Motive," *The American Economic Review* 2 (1998): 449–453.
③ 宋铮:《中国居民储蓄行为研究》,《金融研究》1999 年第 6 期。
④ 秦朵:《居民储蓄——准货币之主源》,《经济学(季刊)》2002 年第 2 期。

施建淮和朱海婷都使用人均可支配收入的方差来衡量不确定性。①用收入的方差替代风险的不足之处在于，这种方法对测量误差的假定和消费者拥有的私人信息比较敏感，而且需要掌握某一消费者连续多年的收入数据。由于难以获得同一消费者的时间序列收入数据，国内学者多数采用截面上不同收入居民之间的标准差。斯金纳（Skinner）认为职业间存在不同程度的收入风险，因而使用户主的职业作为衡量风险的指标，该方法也存在一定的缺陷，如果户主是在他们风险厌恶的基础上选择职业的，那么其所选的职业就不能很好地表示户主面临的风险。②

2. 消费的方差

国内学者孙凤选取七等分的收入方差和消费方差，再乘以人口数来计算与总量指标口径一致的总收入与总消费的方差，以此来衡量不确定性。③ 不管是从城镇居民还是从农村居民的实证结果看，用按收入分组的消费方差衡量不确定性能够比收入方差更好地解释消费的减少，尽管城乡居民收入的不确定性在不断增加，但由制度的不确定性导致的支出不确定性对消费者支出的影响更大，城乡居民感受的不确定性更多地源于支出的不确定性。然而，在估计消费的方差时存在与估计收入方差相同的问题，即缺乏每一户居民的时间序列数据。

3. 失业风险

王端用下岗风险表示未来收入的不确定性，借助一个简单的两期模

---

① 孙凤：《预防性储蓄理论与中国居民消费行为》，《南开经济研究》2001年第1期；施建淮、朱海婷：《中国城市居民预防性储蓄及预防性动机强度：1999~2003》，《经济研究》2004年第10期。

② Skinner, "Risky Income, Life-cycle Consumption and Precautionary Savings," *Journal of Monetary Economics* 22 (1988): 237–255.

③ 孙凤：《中国居民的不确定性分析》，《南开经济研究》2002年第2期。

型分析了下岗风险对消费产生的影响。① 周吉梅、舒元采用了相同的测量方法,进一步建立了一个多期的动态模型,分析风险对消费的影响。② 然而,我国的失业率数据为城镇登记失业率数据,按我国的统计口径,"城镇失业人员"指有非农业户口,在一定的劳动年龄内(16岁以上及男50岁以下、女45岁以下),有劳动能力,无业而要求就业,并在当地就业服务机构进行求业登记的人员。我国城镇登记失业率是城镇登记失业人员与城镇单位就业人员(扣除雇用的农村劳动力、聘用的离退休人员、港澳台及外方人员)、城镇单位中的不在岗职工、城镇私营业主、个体户主、城镇私营企业和个体就业人员、城镇登记失业人员之和的比。城镇居民登记失业率只能反映登记者而不能反映未登记者,只能反映城镇而不能反映农村,只能反映显性失业而不能反映隐性失业。因此,用该指标衡量风险显然存在缺陷,得出的结论也不具有说服力。

4. 其他指标

田岗用居民收入增长率和消费增长率之比来量化不确定性,他认为,由于不确定性带来的风险会降低居民的消费效用,为了将效用保持在某一既定水平,居民会根据自己的收入增长情况适当地调整消费的增长量,该比值越高,增长的收入中用于消费的量越少,消费者的行为就越保守。③ 该方法实际上是一种自我证明,消费和收入增长率之间的差异本身就是应该被解释的原因,其他任何因素都可能导致这种增长率之间不同,以此为风险,就等于提前将消费的减少归因于风险变大,其结

---

① 王端:《下岗风险与消费需求》,《经济研究》2000年第2期。
② 周吉梅、舒元:《失业风险与城镇居民消费行为》,《中山大学学报(社会科学版)》2004年第3期。
③ 田岗:《不确定性、融资约束与我国农村高储蓄现象的实证分析》,《经济科学》2005年第1期。

论和论据构成了循环证明。孙凤、杨凯棣认为异方差是一个很好的替代不确定性的指标，原因在于，所处的社会经济环境不同，每个人对风险的意识也会有差异，进而会对消费产生影响，而个体之间的这种风险意识差异就是异方差。他们分别利用收入的异方差、消费的异方差建立模型，得出的结论是，消费支出的不确定性是居民不确定性的主要来源，这符合我国的现状，教育、医疗、养老和住房改革都使得消费者的支出面临越来越多的不确定性。[1]

二 数据和模型

由于采用第四章讨论的方法仅能获得农村居民 2002～2008 年的边际消费倾向数据，而且七年的数据中有五年为 0.50，几乎未显示显著波动，因此，本节仅分析风险对城镇居民消费行为的影响。上述风险测量方法存在不同程度的不足，截面上不同收入消费者之间收入和消费的标准差较为客观，其原始数据的准确性也较高，我们选择收入和消费的标准差作为衡量风险的指标，然而初步观察计算发现，存在显著的异方差问题，进一步采用标准差系数作为衡量标准，发现异方差问题基本得到消除。由于收入与消费的标准差系数各具优缺点，我们分别采用这两个指标进行回归分析，发现收入的标准差系数对边际消费倾向变动的解释程度更高。因此，以收入的标准差系数为风险的衡量指标，建立模型分析风险对边际消费倾向的影响，估计结果为

$$MPC = 0.9289 - 0.51 X_{风险} \qquad (5-11)$$
$$(18.11) \quad (-5.14)$$

---

[1] 孙凤、杨凯棣：《消费者不确定性的测度——基于异方差的视角》，《数学的实践与认识》2009 年第 24 期。

$R^2 = 0.545$，回归系数都通过了显著性检验。风险对边际消费倾向的影响是负的，即风险越大，边际消费倾向越小，新增收入用于消费的就越少。以截面上不同收入消费者之间的标准差衡量风险，测量的是收入分配的差距，其内在假定是收入差距大必然导致收入风险大，实际上单个居民的风险和总体收入差距之间并不存在必然联系，截面上的收入差距难以准确反映收入风险，对该问题尚需要进一步研究。在时间序列上，边际消费倾向的变化趋势是不固定的，参考点与收入的标准差系数都会影响其变动，参考点会增加居民未来支出的预期，而收入的不确定性增强会增加预防性储蓄，两者都会造成边际消费倾向下降。

第五节 影响参考点变动的因素

参考点与自发消费、最低生活成本在内涵上具有一致性，都是人们衡量现有生活标准的基础。因此，这里主要分析生活环境、制度约束、价格等客观的外界因素对参考点的影响。不同消费函数的前提假定不同，且可能存在冲突，而各种理论在我国的适用性也没有统一的结论，在不同消费理论框架内建立的模型可能得到截然相反的结论。参考点在前面已经被计算出来，在寻找参考点的影响因素时可以不受消费理论的制约，可以加入据我们推测可能对参考点产生影响的因素，通过实证来验证各种因素的影响力，为了比较城乡居民参考点的影响因素，这里选用相同的变量进行分析。

一 描述性分析

首先通过分省份数据比较收入水平对参考点的影响，由于仅有少数几个省份公布了农村居民按收入分层的收入和消费数据,我们依然主要以城镇居民为例进行分析,从各省份统计年鉴中可以查到除河北、湖南、贵州、甘肃四省以外中国内地其余 27 个省份城镇居民按收入分层的收入和消费数据,依据第四章的方法,分别估计得到各省份的参考点,并按人均可支配收入排序,做成图 5-3。

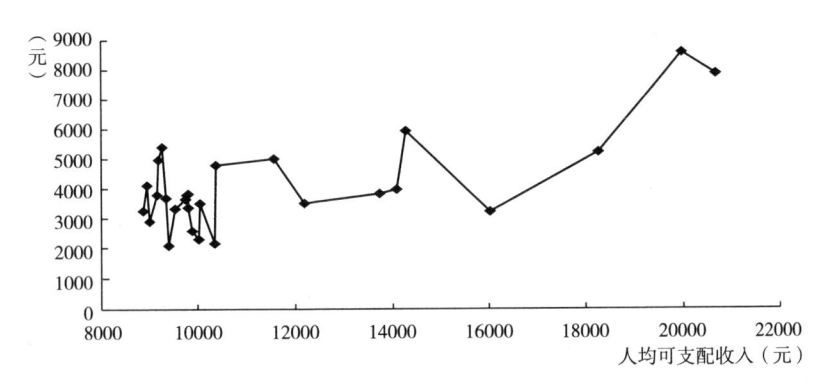

图 5-3 2006 年各省份城镇居民人均可支配收入和参考点

从图 5-3 可以看出,随着人均可支配收入的增加,参考点并未呈现显著增加趋势,如果剔除人均可支配收入最高的北京、上海,人均可支配收入与参考点的相关系数仅为 0.34。可见,在人均可支配收入较低时,主要是其他因素导致了参考点的差异,当收入超出一定水平时,参考点才会显著上升。下面分析城乡居民参考点的差异,如表 5-7 所示。

表 5-7 2002~2008 年城乡居民参考点

单位:元

年份	2002	2003	2004	2005	2006	2007	2008
农村居民	1107.10	1169.92	1317.63	1858.58	1906.74	2182.64	2381.78
城镇居民	3151.70	3477.70	3696.83	3860.93	3872.52	4768.33	5241.59

从城乡对比看，城镇居民参考点大大高于农村居民，城镇居民参考点为农村居民的两倍多，两种变动趋势基本一致。

二 变量选择及样本数据

参考点是由社会综合客观因素决定的，其值不受消费者个人的主观选择影响。随着住房改革的不断推进，房价持续飙升，这给我国居民尤其是城镇居民的生活带来很大压力，不少购房者的支出中大部分用来偿还房贷，这种现象在年轻人中尤为普遍。房屋销售价格（单位：元/平方米）越高，城镇居民买房所需的支出就越多。农村居民不涉及买房问题，可自建住房，为了反映房屋价格对农村居民参考点的影响，我们用竣工房屋造价指标来代替。竣工房屋造价越高，农村居民建房的成本就越高。不管是农村居民还是城镇居民，我们估计房屋价格这类因素前面的系数是正的，即房屋价格对参考点的影响是正向的。由于数据的限制，我们使用医疗保健支出、文教娱乐支出这两个指标来代表城乡居民的刚性消费支出。城乡居民为医疗保健、文教娱乐支付得越多，其生活成本就越高，因此这两个指标与参考点之间应该为正相关关系。

我们初步将模型的解释变量设定为房屋销售价格（农村居民为当年竣工房屋造价）、医疗保健支出和文教娱乐支出。2000年以后各省份统计年鉴才公布了较完整的住户调查资料，而面板数据模型能够控制个体的异质性，缓和回归变量之间的多重共线性，增加自由度，提高参数估计的有效性，因此，这里选择建立面板数据模型进行分析。城镇居民的数据较全，只有河北、湖南、贵州、甘肃四省的统计年鉴未能找到，我们利用中国内地其余27个省份城镇居民2000～2007年的数据建立模型；农村居民数据缺失较严重，只有北京、上海、江苏、浙江、福建、江西、河南、广东、重庆和四川10个省份2001～2007年的数据比较完整,为了分析三个变量对农村居民参考点的影响以及与城市居民进行比较,我们仅对这10个省份的数据建立面板模型。需要说明的是,在城市或农村的数据中,依然有个别年份、个别省份没有数据,我们按数据缺失处理,所有数据均来源于各省份2001~2008年的统计年鉴。为了消除价格因素的影响,我们对上述变量分别进行了价格调整。城乡居民参考点的计算方法同前面一样,并分别用城乡居民的消费者价格指数(城镇的居民消费价格指数均以2000年为基期,农村的居民消费价格指数均以2001年为基期,下面涉及价格指数的,基期选择与此处相同)将其调整为可比价。用房屋销售价格指数和城乡居民消费价格指数分别将房屋销售价格或竣工房屋造价、医疗保健支出、文教娱乐支出调整为按不变价计算的值。

三 模型和结果

在对面板数据进行回归分析之前,首先检验各变量是否为平稳序列,检验结果表明,城乡居民的参考点 ref 及影响参考点的可能因素(房屋销售价格或竣工房屋造价 pri、医疗保健支出 sec、文教娱乐支出 edu)均为平稳序列;F 检验的结果为,城乡居民的样本数据均适合建立变截距模型;Hausman 检验表明,建立随机效应模型是合理的。综上所述,这里建立变截距的固定效应面板数据模型:

$$ref_{it} = c + c_i + \beta_1 pri_{it} + \beta_2 sec_{it} + \beta_3 edu_{it} + \varepsilon_{it}$$

其中,c 为平均参考点;c_i 为第 i 个省份的参考点对平均参考点的偏离,用来反映省份间参考点的差异;$c + c_i$ 为第 i 个省份的参考点,即没有其他因素影响的情况下的参考点;ε_{it} 为随机误差项。回归结果如表5-8所示。

表 5-8 变截距固定效应面板模型的估计结果

分类	变量	系数	t 值
城镇	常数项	1397.5470	6.38
	房屋销售价格	0.2535	1.82*
	医疗保健支出	1.9923	2.94
	文教娱乐支出	1.3028	3.10
农村	常数项	312.8931	1.79*
	竣工房屋造价	0.0777	2.11
	医疗保健支出	5.4434	3.57
	文教娱乐支出	1.8895	1.90*

注：*表示在10%的显著性水平下通过显著性检验。

就城镇的回归分析结果来看，房屋销售价格、医疗保健支出和文教娱乐支出这三个变量前面系数的符号和我们之前的分析一致，而且这三个变量对参考点的改变都有显著影响，尤其是后两个变量的影响更大。具体来讲，房屋销售价格每增加100元，会使城镇居民的参考点升高25.35元；医疗保健支出每增加100元，会使参考点增加199.23元；文教娱乐支出每增加100元，会使参考点提高130.28元。可见，城镇居民参考点主要是随着医疗保健支出的增加而增加的，其次是文教娱乐支出。因此，尽管城市的社会保障制度比农村完善，但仍有需要改进的空间，社会保障制度逐步完善是首要任务。

在影响农村居民参考点的三个因素中，竣工房屋造价对参考点的改变贡献最小，每平方米平均增加100元，参考点只增加7.77元，相对于城市而言，房价因素对农村居民参考点的影响要小。农村居民的医疗保健支出对参考点的影响最大，每增加100元会使参考点上升544.34元，该变量对农村居民参考点的影响是城镇居民的两倍多，这足以说明农村居民的参考点有很大一部分受医疗保健支出的影响。在影响农村居民参考点的因素中，仅次于医疗保健支出的是文教娱乐支出，该项开支每增加 100 元，会使参考点增加 188.95 元。由于城乡收入差距逐年扩大，再加上农村的社会保障条件远不如城市，农村居民医疗保健、文教娱乐等开支影响农村居民参考点的改变要大于城镇居民。在省际面板模型分析中，我们提出的三种因素都对参考点具有显著影响。房价作为一般价格水平的代表，其提高会显著增加居民参考点；医疗保健支出代表了居民更长期的未来支出压力，其提高会增加居民对日后生活压力的预期。

在全国数据的时间序列分析中，逐步剔除不显著的影响因素，最终只剩下房价，通过平稳性检验与格兰杰因果检验，也进一步证实了房价对参考点的影响能力。近几年住房价格的快速增长虽然增加了居民的消费支出，却不会导致居民福利的上升。相反，考虑到住房价格上升对居民收入分配的作用，房价上升会导致部分资金永久流出居民部门，这样通过对引致消费的挤出，反而会降低居民福利水平，因此，应该控制住房价格的过快上升，减小居民的生存压力。仅仅从刺激消费的角度分析，参考点为总消费的一部分，参考点水平上升也必然导致总消费水平上升。但是鉴于上述福利分析，我们不应该以增加参考点为启动消费的手段，特别是不能提高价格水平，其中又以住房价格最为典型，房价过度上涨不仅提高了居民参考点水平，降低了居民福利水平，而且从居民部门"抽取"了大量资金，挤出了居民的引致消费。

第六节　本章小结

从我国城镇居民边际消费倾向变动过程看，在 1988 年以前，其一

内生消费、消费行为和消费增长

直处于较高水平；1988~1998年，边际消费倾向几乎呈直线下降的态势，从1988年的0.86下降到1998年的0.61，共下降了25个点；1998年以后，居民边际消费倾向则经历了一个较为平稳的阶段，一直稳定在0.61附近；从2006年开始又出现了显著下降。农村居民边际消费倾向一直稳定在0.50左右，2005年出现了轻微降低，随后又恢复到原有水平。从外部经济制度变迁过程看，1978年以前，我国实行的是计划经济体制；1979~1992年为价格双轨制时期，商品逐渐丰富，收入分配多元化，居民收入迅速增长，同时住房补贴、价格补贴、就业退休及医疗福利制度进一步被加强；1992年以后，我国进行了迅速的市场化改革，居民收入继续增加，医疗、教育、住房、就业和养老等方面的改革逐步展开，传统的社会保障制度开始解体。从居民储蓄动机看，1992年以后储蓄中预防性动机逐渐增加，我国城镇居民1997年生活状况调查所公布的居民储蓄动机数据显示，排在第一位的是子女教育，排在第二位的是应付疾病及意外急用。综合三种现象，由社会变革和社会保障的缺位造成的心理冲击，是导致居民大量进行预防性储蓄从而使得边际消费倾向不断下降的根本原因。

采用谢的计量模型，本研究证实了我国城镇居民消费行为的损失规避特征，说明未来支出增加或收入下降等导致日后生活水平降低的因素会激起居民消费行为模式的改变，进一步增加储蓄而减少消费。在第四章理论模型的基础上，我们分析了参考点变动和未来风险对边际消费倾向的影响，经过实证也印证了居民的损失规避行为。在时间序列上，边际消费倾向的变化趋势是不固定的，参考点与未来风险都会影响其变动，参考点会增加居民未来支出的预期，而收入的不确定性增强会增加预防性储蓄，两者都会造成边际消费倾向下降。与作为保持居民原有生活水平的参考点水平相当的消费，既是消费的一个特有组成部分，又会影响平均消费倾向的变动。而住房、医疗保健、文教娱乐等刚性支出是影响参考点变动的最主要因素，这其中又以住房的影响最为典型。现实商品价格（房价）的虚拟化不仅会扰乱资源配置的正常机制，而且会产生强烈的收入再分配作用，高房价将购房者的大量收入转移到垄断部门手中，会进一步加剧收入的分配不公，压缩低收入者对其他商品的购买能力。

第六章　总　结

单纯依靠投资拉动经济增长的方式导致了巨大的浪费与经济的剧烈波动，经济发展的可持续性与稳定性都很差。比如在2008年上半年，居民消费价格指数（CPI）为107.9，通货膨胀率偏高，经济面临过热风险，为此，中国人民银行连续六次提高了存款准备金率。然而，伴随着2008年下半年CPI的下降，转瞬间就出现了如何阻止经济下滑与萧条的问题，国家随后出台了一系列扩张性的财政与货币政策。面对美国"次贷危机"与全球性经济萧条，我国出口对经济的拉动作用持续下降，出口增速不断下降，2010年3月还出现了逆差，大量出口也导致了我国资源的巨大消耗，环境破坏严重，可持续发展能力受到极大削弱。投资、出口、消费作为拉动经济增长的三驾马车，只有消费能够促进经济持续稳定增长，有效启动居民消费需求的状况将决定我国今后的经济走向。国家统计局的数据显示，2009年我国投资过热、消费不足问题更为突出。2010年3月21日，在北京召开的中国发展高层论坛年会上，李克强提出要增强经济增长的内生动力，其核心思想就是要转变我国依靠政府主导下的投资或者宏观经济政策推动经济快速发展的局面。

第一节 结论

本研究的主要目的是通过引入损失规避行为，建立一个能够包含不同收入层次居民消费行为的消费函数；通过分析居民消费决策过程，发现影响消费行为的因素，从消费行为的视角寻找导致我国居民消费倾向不断下降的原因。为给有效促进我国居民消费内生增长提供建议，本研究主要从以下三个方面展开论述。

一 内生消费和消费行为

内生消费是指在现有经济系统内，不依靠外部的刺激与推动，仅仅依赖各参与主体自发的决策行为，居民愿意且能够消费的量。内生消费的增加或者说消费的内生增长是消费者约束条件和消费行为改变导致的消费增加，其外在表现就是消费倾向的上升，即消费者将更大比例的收入用于消费，影响居民消费倾向的因素也就是促进消费内生增长的因素。依靠扩大投资、增加临时收入等短期经济政策的刺激增加的消费为外生消费，由于消费者具有理性预期，这类消费既不稳定，又难以持久。要增强我国经济增长的内生动力，只能依靠内生投资和内生消费的推动。从凯恩斯消费函数看，平均消费倾向受到收入和自发消费的影响，只要收入增加，必然对应着平均消费倾向的减小；边际消费倾向与收入之间不存在内在的必然联系，它可以更准确地代表消费者的行为模式，而平均消费倾向则无法准确反映消费者行为模式的改变，边际消费倾向和平均消费倾向反映了不同的消费行为。由于凯恩斯给出了一个模糊不清的边际消费倾向概念，其收入增加并未明确界定是否涉及收入地位的改变。而在固定社会上，仅一个人的收入增加和社会上所有人的收入按相同比例增加所产生的影响是截然不同的，两种类型的收入增加也就对应着两种类型的边际消费倾向。采用时间序列数据估计的边际消费倾向未包含收入地位的改变，而采用截面数据估计的边际消费倾向则包含了收入地位的改变，采用时间序列数据与截面数据的结论差距很大。由于长期内存在导致边际消费倾向变动的因素，以时间序列数据估计得到的边际消费倾向实际上是一段时期内的平均值，采用截面数据估计得到的边际消费倾向才是某一时点上的值。而且在采用微观截面数据估计不同收入阶层居民的边际消费倾向时，由于存在大量离群值，估计过程受到不同分层方法的影响，估计结果呈现较强的随机性，因此必须剔除离群值的影响。此时的结论是，参考点以上不同收入层次居民的边际消费倾向基本相同，而收入处于参考点以下的居民的边际消费倾向为1。在消费者面临的内外部环境都比较稳定时，其边际消费倾向在短期内将保持不变，此时时间序列数据与截面数据的结论较为一致；当内外部环境变化剧烈时，边际消费倾向也将随时间变动，此时仅截面数据可以得到稳定的估计结果。

持久收入/生命周期理论源于对"库兹涅茨之谜"的解释，长期内平均消费倾向不变是其模型设计的理论前提。在新古典消费函数中，持久收入被定义为一生财富的年金价值，消费者一生效用最大化的条件是当期消费等于持久收入，此时持久收入的边际消费倾向为1，这样也就失去了进一步研究边际消费倾向的理论基础。我国当前面临的最大问题恰恰是平均消费倾向的不断下降，这就注定在以新古典消费理论解释我国现实问题时会面临困境。同时，为能具有"理性的标准模型"，西方消费理论采用了总量分析法，放弃了结构分析。另外，为追求模型的微观基础而采用代表性消费者假设，假定消费者是完全同质的，完全忽略了不同收入层次居民消费行为的巨大差异，也未能考虑不同类别的支出、收入对消费者决策行为的影响。基于此，我们在第三章引入了行为经济学中的前景理论，重点分析了损失规避对消费决策的影响，即人们对价值的感受不是其最终状态，而是财富或福利的改变，人们通过价值函数评价每个被编辑过的前景，当面对收益时价值函数是凹的，当面对损失时价值函数是凸的，且损失区域比收益区域陡峭，即人们都是损失规避的。

二 损失规避和分段线性消费函数

根据确定性效应、反射效应、或然性保险、分离效用等一系列不符合期望效用理论的现象，卡尼曼和特维尔斯基在心理实验的基础上提出了前景理论，用于描述风险条件下的个体决策。前景理论把人们的选择过程分成两个阶段：编辑阶段和评价阶段。在编辑阶段，决策者将给定前景的表述简单化；在评价阶段，决策者通过价值函数和决策权重函数对每个被编辑过的前景进行评价，从而选出价值最高的前景。前景理论被大量应用于和风险相关的诸多领域，其中又以对金融市场的研究为主，前景理论与消费理论相结合所形成的行为消费理论也得到迅速发展。塞勒最初将行为经济学用于解释消费中的沉淀成本问题，并提出了心理账户理论，对心理账户的研究主要从以下三个方面展开：一是人们如何感知和评价各种经济事务的结果以及怎样做出决策；二是人们如何把经济行为分配到各个具体、细微的心理账户中；三是人们对心理账户进行检查和评估的频率如何。1988年，塞勒和谢弗林进一步将心理账户与生命周期理论相结合，提出了行为生命周期理论。行为生命周期理论认为消费者具有双重偏好：一个关注短期，倾向于尽可能多地进行眼前消费；另一个关注长期，追求一生效用最大化，愿意牺牲眼前消费为以后的消费进行储蓄。具有前一种偏好的人被称为行动者，具有后一种偏好的人被称为计划者，行动者都想及时行乐，尽可能多地享受眼前的消费而不考虑未来的消费；计划者关心未来消费，尽力通过自我控制，以意志力来抵抗当前消费的诱惑。而不同的心理账户具有不同的边际消费倾向，而且不同心理账户内的资金无法自由转换，消费者通过事先设定的约束机制将一部分资金转入消费倾向低的心理账户，以实现自我控制。1999 年，鲍温、莱因哈特和罗宾又提出了具有损失规避的消费函数。当存在收入不确定性时，具有损失规避的消费者会尽力避免当期消费低于参考点水平。当平均每期的收入高于参考点时，不确定性增加会导致储蓄增加；当平均每期的收入低于参考点时，不确定性增加会导致储蓄减少。行为生命周期理论重新讨论了边际消费倾向问题，认为不同的心理账户具有不同的边际消费倾向，消费者通过财富在不同心理账户之间的转移实现对消费支出的自我控制。具有损失规避的消费函数分析了参考点对消费行为的影响，在最优化分析框架下证明了消费行为的两阶段性，从而为区分平均消费倾向和边际消费倾向建立了理论基础。

从凯恩斯提出消费函数理论开始，就不断有学者论及消费行为的两阶段性。在《就业、利息和货币通论》中，凯恩斯曾提出："满足人们及其家庭的现行基本生活需要通常比积累具有更强的动机。只有在达到一定的舒适程度以后，积累的动机才会较强。"现期的基本生活需要对消费者有特别的意义，居民总是在满足其基本生活需要以后才开始储蓄。在随后通过实证得出的凯恩斯消费函数中，自发消费的存在也进一步验证了这一猜想。然而由于随后消费函数的研究转入消费者跨期消费决策，对自发消费问题并未进行深入研究，消费者自发消费的决定因素、决策过程都是模糊不清的。20 世纪 60 年代和 70 年代对最低生活成本的研究从不同侧面延续了对自发消费的研究，克莱因、罗宾等人在效用不变的定义下，利用最优化模型得出了最低生活成本的计算公式，通过对该计算公式变形，可知最低生活成本实际上等于处于边际储蓄倾向上的自发消费。1991年，迪顿证明了具有流动性约束的消费者具有分段线性的消费函数，迪顿认为消费者没有能力通过复杂的最优化计算来确定自己的最优消费路径，仅仅根据经验法则指导其消费行为，消费者的消费规则为在困难时花光所有收入，当收入超过某一"最小必须量"时便储蓄固定比例的收入余额，即采用分段线性的消费函数。然而，迪顿在实证中随意地设定平均消费支出为消费函数的拐点，并未考察消费函数拐点的决定机制，也未考察该拐点和自发消费、最低生活成本的关系。在鲍温等人提出的具有损失规避的消费函数中，消费者行为同样具有两阶段性，即使当第一期收入 Y_1 小于参考点时，消费者也将尽可能增加第一期消费以使一生总效用不断增加，其增加幅度取决于消费者面临的流动性约束强度，但是肯定不会存在储蓄行为。由于在消费者仅有两期生命的假定下得出了这一结论，鲍温等人并未提出具体的消费函数表达式，仅证明了不同类型的支出在人们决策过程中的作用是不同的。我们结合上述四类消费函数的研究，以行为经济学中的损失规避行为为基础，将参考点作为分段线性消费函数的拐点，给出了可以解释上述四种消费函数的统一形式。

我们采用山东省居民住户调查微观数据和全国城乡住户调查分层数据验证了分段线性消费函数，两方面的数据都支持了该结论。随后分析了分段线性消费函数条件下收入分配对总消费的影响，结论是补贴收入处于参考点以下的居民能够有效扩大消费，而收入超过参考点的居民，其边际消费倾向远小于1。等量转移支付，参考点以下居民增加的消费为参考点以上居民的两倍，补贴参考点以下居民的政策效果优于补贴参考点以上居民。应该开征垄断税，通过宏观调控手段从企业部门转移部分收入直接用于社会保障体系建设，可以起到减小收入差距和扩大消费的双重作用。另外，我们分析了自发消费、最低生活成本、参考点三个概念之间的内在联系。从计算公式上看，自发消费和最低生活成本具有共同的性质，其区别在于自发消费是一个通过数据模拟得到的虚拟值，在消费决策中并不具有实际作用，而最低生活成本则是消费决策要首先扣除的量，它与参考点的区别在于两者估计时所采用的数据区间不同。

三 我国居民消费行为的特征和相关政策建议

从我国居民边际消费倾向变动过程看，农村居民边际消费倾向基本稳定在 0.50，仅 2005 年出现了轻微降低，2006 年出现略微提高，随后又恢复到原有水平。究其原因，是当年农村居民参考点发生了大幅度提高，较 2004 年增长了 41.05%。城镇居民边际消费倾向在 1988 年以前一直处于较高水平；1988~1998 年，边际消费倾向几乎呈现直线下降的态势，从 1988 年的 0.86 下降到 1998 年的 0.61，共下降了 25 个点；1998 年以后，居民边际消费倾向经历了一个较为平稳的阶段，一直稳定在 0.61 附近；从 2006 年开始又出现了显著下降。从经济制度变迁过程看，在 1978 年以前，我国实行的是计划经济体制；1979~1992 年实行了价格双轨制，居民收入迅速增长，同时住房补贴、价格补贴、就业退休及医疗福利制度进一步被加强；在 1992 年以后，我国进行了迅速的市场化改革，居民收入继续增加，医疗、教育、住房、就业和养老等方面的改革逐步展开，传统的社会保障制度开始解体。从居民储蓄动机看，1992 年以后储蓄中预防性动机逐渐增加，我国城镇居民 1997 年生活状况调查所公布的居民储蓄动机数据显示，排在第一位的是子女教育，排在第二位的是应付疾病及意外急用。综合三种现象，由社会变革和社会保障的缺位造成的心理冲击，是导致居民大量进行储蓄从而使得边际消费倾向不断下降的根本原因。

采用谢的计量模型，本研究实证了我国城镇居民消费行为的损失规避特征。流动性约束、短视行为、损失规避三种行为都能导致消费的过度敏感性，但是不同行为的具体表现也是不相同的。在流动性约束条件下，收入增加对消费产生的影响要大于收入减少对消费产生的影响，流动性约束导致的消费变动对预期收入增加反应要强烈一些；在短视行为下，消费主要依靠当期收入，预期收入的增加或者减少对消费的影响是对称的；在具有损失规避时，消费者对预期收入下降的反应要比对预期收入上升的反应更强烈。通过比较消费者对收入变动的不同反应，我们发现损失规避行为是导致我国消费过度敏感性的根本原因，即我国居民存在显著的损失规避，未来支出增加或收入下降等导致日后生活水平降低的因素都会激起消费行为模式的改变，使居民进一步增加储蓄而减少消费。在第四章理论模型的基础上，我们分析了参考点变动和未来风险对边际消费倾向的影响，经过实证也印证了居民的损失规避行为。

由于实质上存在两种类型的收入增加，也就存在两种不同类型的边际消费倾向：一种是当所有人收入同比例增加时，单位收入增加导致的消费增量；另一种是当其他人收入不变时，仅一人收入增加，此时的单位收入增加导致的消费增量。前者可以由时间序列数据估计得到，但是由时间序列数据估计得到稳定边际消费倾向的条件是，除收入以外的其他因素都保持不变，而这一条件在我国现阶段是无法达到的；后者可以由截面数据估计得到，收入以外的因素在截面上几乎不变，因此可以得到非常稳定的边际消费倾向的估计值。在截面上，边际消费倾向表现为显著的两阶段性，即参考点以下边际消费倾向为1，参考点以上边际消费倾向远小于1，并且不是随着收入增加而递减，而是固定不变的。在时间序列上,边际消费倾向的变化趋势是不固定的,参考点与未来风险都会影响其变动,参考点上升会增加居民未来支出的预期,而收入的不确定性增强会增加预防性储蓄,两者都会造成边际消费倾向下降。

如果在未来获得低收入将会导致消费者未来生活水平下降,而生活水平下降导致的效用损失大大高于增加当期消费带来的效用,那么损失规避的消费者会极力避免此类事件的发生。因此,未来获得低收入的概率越大,消费者越是倾向于增加当前储蓄。我国学者在实证风险对居民消费的影响时,限于数据的可获得性,多数以截面上收入或消费的方差为未来风险的度量,而截面上收入与消费的方差仅仅代表了当时的收入差距,只有同一消费者在时间序列上的收入和消费的方差才能真正衡量居民面临的风险,这种衡量标准的代换大大影响了估计结果的解释能力。本研究以截面上居民收入的标准差系数为衡量风险的指标,用于解释边际消费倾向的变化,发现它仅能解释边际消费倾向变动的54.5%,和理论分析的结论是一致的,但是解释的力度还不够强。作为居民原有生活水平代表的参考点,即消费的一个特有组成部分,也会影响消费者从某一绝对数量的消费中获得的效用水平。根据前景理论的结论,消费者关注的是相对于某一给定参考点而言财富或福利的变化,而不是其最终状态,就等量的消费而言,如果参考点上升了,消费者从中获得的效用则必然减少。如果消费者根据当前的参考点变动速度预测以后的参考点水平,当期的参考点快速上升必然导致日后消费带来的用效下降,由消费欧拉方程可知,要达到一生效用最大化,需要每期边际效用水平相等,未来边际效用水平的上升自然会导致消费者减少当期消费量,以提高当期消费边际效用。因此,当期的参考点上升会导致边际消费倾向下降。从本研究的实证结论看,我国居民的消费行为符合上述理论分析,当期参考点的上升确实导致了居民消费倾向的降低。

住房、医疗、教育等刚性支出是影响参考点变动的最主要因素，这其中又以住房的影响最典型。商品价格（房价）的虚拟化不仅会扰乱资源配置的正常机制，而且会产生强烈的收入再分配作用，高房价将购房者的大量收入转移到垄断部门手中，进一步加剧了收入的分配不公，压缩了购房者对其他商品的购买能力。教育、医疗等方面的支出也都存在类似的作用，只是教育部门和医疗部门的收入有较大的比例被重新分配到居民手中，虽然提高了参考点水平，但是对居民部门的收入扣减作用比较弱。从居民消费的角度看，全体居民的收入变动对总体居民消费的影响是不容忽视的，由于近年来我国居民部门的收入在国内生产总值中所占的比重迅速下滑，而这一问题属于收入初次分配，下面简要分析收入初次分配对消费的影响。

初次分配决定了居民收入在整体国民收入中所占的份额，而居民仅能在自己可支配收入的范围内进行消费决策。从我国的实际情况看，近年来居民收入在国民收入中所占比重的迅速下滑非常严重，这就直接导致了居民可支配收入的下降，由此必然进一步引起居民消费支出的下降。我国全部居民可支配收入占 GDP 的比重在 1983 年达到最高点 61%，此后不断下降，至 2008 年已下降到 42%。农村居民纯收入占 GDP 的比重同样在 1983 年达到最高点 40.57%，但此后直线下降，到 2008 年已经降到 11.19%。相反，城镇居民可支配收入占 GDP 的比重一路上升，从 1978 年的 16.37% 上升到 2003 年的 32.5%，随后略有下降，2008 年这一比例为 31.2%。从总量上看，城镇居民可支配收入占 GDP 的比重不断上升，但是如果剔除快速城市化导致的城镇人口迅速增加这一因素，得到的结果将是完全相反的。一种方法是先使用某一固定不变的人口总量乘以人均可支配收入，再用这一重新计算得到的可支配收入总量数据除以 GDP，可以发现得到的比例是不断下降的；另一种方法是计算城镇居民人均可支配收入与人均GDP的比例，1980年城镇居民人均可支配收入大于人均GDP，得到的比例为102.64%，但随后一路下降，到2008年这一比例仅为68.3%。由此可以推断，城镇居民人均可支配收入增长速度依然小于GDP的增长速度。1978~2007年，农村人口先是略有上升，从1978年的7.9亿人上升到1995年的8.6亿人，随后逐渐下降，到2007年下降到7.3亿人，总体变化不大，农村居民纯收入占GDP的比重由1983年的40.57%下降到2007年的11.19%。同一时期第一产业增加值占GDP的比重也是类似的变动趋势，从1982年的33.39%逐步降到2007年的11.26%，而第一产业从业人员仅仅从最高峰时1991年的3.9亿人下降到了2007年的3.3亿人。从结构上看，农民纯收入的主要来源依然是农业经营活动，农业增加值占GDP的比重下降是经济发展的必然结果，虽然我国转移了大量的农业劳动力，但剩余的农业从业人数并没有显著减少，人均的农业经营收入必然下降，第一产业增加值占GDP的比重与农民人均纯收入占人均GDP的比重具有非常一致的变动趋势，两者的相关系数为0.95。由此我们可以得出结论，伴随经济的发展，第一产业占GDP的比重必然下降，如果第一产业从业人数没有相应减少，则必然产生农民人均收入的增长缓慢，农民人均收入占人均GDP的比重迅速下降。综合城镇与农村居民收入的变动情况可以得出结论，城镇居民可支配收入由于就业增加缓慢和利润挤压而增长缓慢，农村居民纯收入受非农产业就业岗位缺乏、劳动力转移缓慢的影响，增加更为缓慢。下面分析我国就业增加缓慢与工资相对利润下降的原因。

从宏观调控的角度看，对投资的调控相对容易，而对消费的调控则非常难，当经济增长目标需要的需求量高于实际需求量时，政府更倾向于依靠增加投资实现预定增长目标，而投资的增加必然进一步带动投资品生产的扩张,即重工业部门会过快增长。如果下一年投资增速下降,投资品生产部门必然面临需求不足的困境,经济开始出现困难,为保持高速的增长,政府又不得不进一步依靠增加投资维持经济的高速增长。下面我们具体分析我国投资增长和重工业部门比重变动之间的关系。高投资导致了对投资品的需求持续高涨,每一次固定资产投资的迅速增加都对应着投资品需求的迅猛扩张,相应地也必然会导致重工业部门的比重进一步上升,正是这种需求结构的偏斜造成了生产结构的畸形。反过来,生产结构的畸形也限制了消费结构的改变,每当固定资产投资增加速度减缓时,重工业部门都会出现供大于求,经济出现下滑的现象,政府为保持经济增长,又不得不重新提高固定资产投资水平。长期的高投资导致了消费结构与产业结构的畸形,居民消费长期受到抑制,重工业比例持续走高。我国重、轻工业总产值之比与全社会固定资产投资发展速度的相关系数为 0.52,说明每当固定资产投资迅速增加时,重工业相对于轻工业也会得到更快发展。伴随着固定资产投资的不断扩张,重工业与轻工业总产值之比也不断升高,1991 年这一比值为 1.16,到 2006 年已经上升到 2.34,而重工业部门的过度扩张必然导致工业提供就业岗位的能力下降。

然而,问题的关键是大量的投资为什么没有同时带动居民收入和消费的增加,投资增加是否必然导致经济结构的偏斜。根据刘易斯模型的结论,当存在大量剩余劳动力时,现代城市部门的资本积累能带来固定比例的劳动力就业的增长,也不存在劳动力节约型的技术进步,资本积累越快,创造的就业机会增长越快。我国投资率一直占 GDP 的 40% 左右,资本积累速度也非常快,为什么没有出现快速资本积累导致的就业迅速增长呢?国际学术界在关于工业化模式的讨论中早已论证,类似中国这样劳动力剩余的发展中国家,应进行适宜的技术选择,避免在要素禀赋发生变化前出现过早的资本深化。发展中国家发展劳动力密集型工业不仅能吸收大量剩余劳动力，抑制收入分配差距的扩大，而且将在总体上提高工业部门的产出及工资和利润水平，优化经济增长潜力。资本深化意味着资本劳动比（K/L）的上升，我国工业企业人均固定资产原值 1986 年仅为 137 万元，到 2006 年已达 4154 万元，20 年时间增加了 29.3 倍，平均每年增长 18.60%。而工业企业在岗职工在 1986～1995 年略有上升，年均增长 1.5%，1995～2003 年则连年下降，从 2004 年开始才略有回升，到 2006 年依然比 1986 年少 1716.2 万人。我国的资本深化在 1986～1996 年是靠投资迅速增加、劳动缓慢增加或基本不动实现的，而 1996～2006 年则是靠投资快速增加、劳动逐渐减少实现的，即部分依靠减员实现人均资本量的上升，而这一时期我国的就业矛盾也是最突出的。因此，我国资本深化是在劳动力严重剩余的条件下发生的，资本深化还进一步加剧了劳动力剩余的严重程度。

为什么刘易斯模型在我国失灵了呢？究竟是什么导致了我国企业选择资本密集型的发展道路，以资本排斥劳动呢？国际公认的最低工资为社会平均工资的 40%～60%，从原劳动和社会保障部 2007 年公布的资料看，2006 年全国各省份执行的各档最低工资标准的平均值不同程度地低于当地社会平均工资的 40%，不少地方的最低工资只相当于当地平均工资的 20% 左右。最低工资标准是政府制定的劳动力最低价格，但是往往成为企业的实际执行标准。据中国人力资源开发网对 683 家企业的调查，80% 的企业存在多数或部分员工经常加班的现象；10.77% 的企业有加班补偿规定但从未执行；33.46% 的企业根本没有加班补偿规定，更没有支付加班报酬。当然，在一定程度上，企业资本份额迅速扩大，劳动份额不断缩小，自然地导致了利润大大超过工资。

城乡分割的户籍制度造成了劳动力要素市场的分割，一方面，农民工的工资增长缓慢，存在大量剩余劳动力；另一方面，城市中国有经济部门的工资增长迅速，企业用工成本不断上升。国有企业在进行技术选择时，自然偏向资本密集型的技术。我国城乡分割的户籍制度使劳动力无法自由流动，尽管有许多农民工进城务工，但是由于受子女教育、赡养老人、购买住房等种种因素的限制，其中只有极少数人可以转变为产业工人，多数人最终不得不返回农村继续从事农业劳动，这就使我国劳动力市场也呈现二元性。劳动力要素的异质性与身份分割，使得农民工在与企业的谈判中处于绝对劣势，农民工工资受到企业利润的侵蚀；另外，城市化等因素导致的城市生活成本迅速上升使得城市工业过早地出现了"刘易斯拐点"，劳动力价格开始上升，大城市的企业不得不提高职工工资。工资上升和就业扩大增加了需求，促进了需求升级，从而对产业结构有了新的要求；劳动力价格的上升也使得资本的相对价格降低，生产倾向更多地使用资本。这两个方面的原因促进了资本密集度的提高，即资本深化。而这又进而促进了劳动生产率的提高，导致了工人工资的相应增加。如此循环往复，形成了一个关于资本深化、促进经济增长的正反馈机制。

1994 年开始的分税制实际上是我国财政分权体制下的一次"集权"倾向的行动。它以提高"中央财政收入占地方财政收入的比重"为首要目标，这一目标的实现意味着中央与地方在财政收入初次分配中相对份额发生变化。它不仅改变了地方政府的收入水平和收入结构，而且改变了地方政府的行为模式，由主要依靠企业税收变成了严重依靠其他税收，特别是营业税（营业税属于地方税种，它主要是对建筑业和第三产业征收的税收）。所以，地方政府将组织税收收入的主要精力放在了发展建筑业上，由以前的从工业化中获得收入转变为从城市化中获得收入，这也导致了需求结构向投资品进一步转移。

启动内需也要提高居民收入占 GDP 的比重，因为工资性收入依然在我国居民收入中占绝大比重，所以提高居民收入应主要依靠增加居民工资性收入。从平均工资看，其增长速度并不慢，但是由于就业人数增长缓慢，有时甚至绝对减少，工资收入总量增长缓慢，在 GDP 中的比重逐年降低。因此，增加收入的关键是要减缓资本对劳动的替代，增加就业。工业的快速资本深化减缓了就业人口的增加，阻碍了农村劳动力向城市转移。我国主要以投资拉动经济增长的发展模式在产品需求结构上造成了投资品需求长期偏大，生产过度重化工化，而重工业的过度发展必然导致资本的过度深化，减少就业人口。长期的城乡二元户籍制度阻碍了城乡劳动力的自由流动，造成了劳动力市场分割，导致了"刘易斯拐点"提前到来。由于城市劳动力价格上涨而开始资本深化，城市需求结构不断升级，生活成本逐步升高，农村劳动力转移更进一步受到阻碍。因此，只有改变城乡劳动力市场的分割状态，降低劳动力转移成本，才能促进二元经济转变，提高居民整体收入水平。

第二节 创新点、尚存在的问题和进一步研究的方向

以上简要总结了本研究的内容与基本结论。通过将前景理论中的损失规避特征引入消费函数，我们构建了一个分段线性消费函数，用以解释不同收入层次居民的消费行为，并以我国数据分析了参考点和未来风险对内生消费的影响。从所能搜集到的资料看，本研究的创新点包括以下几个方面。

第一，本研究区分了两种不同类型的收入增加，讨论了以截面数据和时间序列数据估计边际消费倾向的差异。从边际消费倾向的内涵看，

收入增加应该是在其他条件不变时收入的增加,这也符合西方经济学比较静态分析的一贯做法,因此,截面数据更适合估计边际消费倾向。随后,本研究进一步讨论了使用微观截面数据估计边际消费倾向对离群值的影响。

第二,本研究将行为经济学中的损失规避引入效用函数,建立了一个两阶段的消费函数,得出边际消费倾向的分布形态为分段线性。通过迭代算法,本研究以逐步逼近的方法解决了估计参考点的问题,在此基础上分析了收入分配、最低生活标准等因素对消费需求的影响。

现有行为消费理论并没有形成统一的理论体系,仍然处于几类理论模型共存的局面,其中比较成熟的模型有行为生命周期模型、双曲贴现消费模型、动态自控偏好模型、估测偏见的消费习惯模型等,[①] 虽然各类行为消费模型的心理因素基本相同,但是各模型之间尚有不少差异和有矛盾的地方。行为消费理论对损失规避的研究也缺乏严密的理论框架,对消费行为中损失规避程度的定义和度量存在很多不一致的地方。就损失规避程度的度量方法看,主要的研究方式是以心理实验的方法描绘出价值函数的形状,然后再根据对损失规避系数的定义计算其具体数值,这样就使得最终结果必然受到实验对象的影响,因而不同学者得到的具体数值也存在一定差异。就行为消费理论的发展过程看,将损失规避特征应用于消费理论的研究还处于起步阶段,国外学者仅在消费者生命为两期的框架内进行了理论分析,其结果也仅限于定性判断参考点上下消费者行为模式的不同。因此,本研究还存在如下几个需要进一步研究的问题。

首先,本研究的理论模型仅限于描述截面上不同收入层次居民的消

---

① 方福前:《西方经济学新进展》,中国人民大学出版社,2006,第 121 页。

费行为，虽然其推导过程借助了消费者跨期决策，但是未能在时间序列上就边际消费倾向的动态变化过程建立统一的分析框架。从边际消费倾向的内涵看，在其定义中，"边际"这一概念本身就包含着时点特性，即在除收入以外的其他一切因素都固定不变时收入对消费产生的影响。当收入以外的其他因素随时间改变时，边际消费倾向也必然发生变化。新古典消费理论虽然研究的是消费者的跨期选择问题，但是其消费函数中对消费的影响因素只有收入，完全忽略了收入以外的因素对消费行为的影响。当前我国居民消费行为的重要特点是消费倾向不断下降，尽管收入不断增加，但内生消费增长缓慢，如何将收入以外的因素纳入消费函数，或者以边际消费倾向为被解释变量，系统分析内生消费的变动过程，也是今后应该进一步努力的方向。

其次，参考点作为影响居民消费倾向的另一个重要变量，在国内外学者的研究中也缺乏系统的理论分析。从对前景理论的研究看，现状或预期状态常被作为参考点，参考点的变动过程和影响因素都被作为外生因素看待。在鲍温等人的消费函数中，参考点的变动方式借鉴了消费习惯的研究成果，本期参考点由上期参考点和上期消费水平共同决定。从本研究的分析结论看，在居民消费决策中，存在一个社会上共同认可的基本参考点，个体的参考点按照个体收入对社会基本收入水平的偏离程度来确定，然而受研究工具和数据的限制，该结论还停留在理论猜想的阶段。同时，从参考点的内涵看，这一概念与自发消费和最低生活成本具有一致的内涵，通过三个概念估计方程的变形和对比，从估计方法上判断，可以得知三者确实存在内在联系，然而由于自发消费和最低生活成本的概念同样缺乏严格界定，这一结论还缺乏相应的理论支撑。

最后，在应用理论模型分析我国居民的消费行为时，本研究受到了数据可获得性的限制。分析该问题需要利用截面数据估计时点上的边际消费倾向,而我国统计年鉴中农村居民按收入分层的消费数据从2002年才开始,这就导致我们无法深入研究农村居民消费的行为。从相关数据看,农村居民的边际消费倾向几乎是固定不变的,虽然从制度变迁的角度看农村居民面临的制度环境同期也保持了稳定,但是由于缺乏20世纪90年代的数据,无法和城镇居民做对比分析。在分析风险对边际消费倾向的影响时,只能使用截面上不同收入层次居民收入和消费的标准差系数度量风险,这就硬性地假定了居民感受到的风险大小主要受社会上收入差距的影响,忽略了具有不同财富水平的居民面临风险的不同和对风险抵御能力的差异,降低了实证结论的解释能力。

参考文献

A. Tversky, and D. Kahneman, "Advances in Prospect Theory: Cumulative Representation of Uncertainty," *Journal of Risk and Uncertainty* 5 (1992): 297 – 323.

A. Tversky, and D. Kahneman, "Loss Aversion in Riskless Choice: A Reference – Dependent Model," *The Quarterly Journal of Economics* 4 (1991).

Allais M., and Hagen, O., *The Expected Utility Hypothesis and the Allais Paradox* (Dordrecht: Reidel, 1979).

Annamaria Lusardi, "On the Importance of the Precautionary Saving Motive," *The American Economic Review* 2 (1998).

Arthur Smithies, "Forecasting Postwar Demand," *Econometrica* 1 (1945).

Blinder, "Distribution Effects and the Aggregate Consumption Function," *Journal of Political Economy* 3 (1975).

Bowman D., D. Minehart, and M. Rabin, "Loss Aversion in a Consumption-savings Model," *Journal of Economic Behavior Organization* 2 (1999).

Bruce, Johnson, and Fader, "Modeling Loss Aversion and Reference Dependence Effects on Brand Choice," *Marketing Science* 4 (1993).

C. Heath, J. B. Soll, "Mental Budgeting and Consumer Decisions," *Journal of Consumer Research* 1 (1996).

C. Lluch, and R. Williams, "Consumer Demand Systems and Aggregate Consumption in the USA: An Application of the Extended Linear Expenditure System," *Canadian Journal of Economics* 1 (1975).

Camball J., and Deaton A., "Why is Consumption so Smooth," *Review of Economic Studies* 56 (1989).

Carroll, and Samwick, "How Important is Precautionary Saving," NBER working Paper, Oct. 15, 1996.

Carroll C. D., "Buffer Stock Saving and the Life Cycle/Permanent Income Hypothesis," *Quarterly Journal of Economics* 1 (1997).

Carroll, C., Overland J. and Weil D., "Saving and Growth with Habit Formation," *American Economic Review* 3 (2000).

Christopher D. Carroll, "A Theory of the Consumption Function, with and Without Liquidity Constraints," *The Journal of Economic Perspectives* 3 (2001).

Christopher D. Carroll, "Precautionary Saving and the Marginal Propensity to Consume out of Permanent Income," *Journal of Monetary Economics* 56 (2009).

Christopher D. Carroll, "Requiem for the Representative Consumer? Aggregate Implications of Microeconomic Consumption Behavior," *The American Economic Review* 2 (2000).

Coursey, Don L., John L. Hovis, and William D. Schulze, "The Disparity Between Willingness to Accept and Willingness to Pay Measures of Value," *The Quarterly Journal of Economics* 102 (1987).

D. Prelec, and G. Loewenstein, "The Red and the Black: Mental Accounting of Savings and Debt," *Marketing Science* 1 (1998).

Deaton A., "Saving and Liquidity Constraints," *Econometrica* 59 (1991).

Deaton, and Laroque, "On the Behavior of Commodity Prices," *Review of Economic Studies* 1 (1992).

Della Valle, Philip A., and Oguchi, Noriyoshi, "Distribution, the Aggregate Consumption Function, and the Level of Economic Development: Some Cross-country Results," *Journal of Political Economy* 6 (1976).

Dynan K., "Habit Formation in Consumer Preferences: Evidence from Panel Data," *American Economic Review* 90 (2000).

Flavin M., "The Adjustment of Consumption to Changing Expectations About Future Income," *Journal of Political Economy* 89 (1981).

Friedman M. Windfalls, "The 'Horizon' and Related Concepts in the Permanent Income Hypothesis," in Carl F. C., et al. eds., *Measurement in Economics: Studies in Mathematical Economics and Econometrics* (Stanford, Calif.: Stanford University Press, 1963).

Friedman, and Milton (ed.), *A Theory of the Consumption Function* (Princeton: Princeton University Press, 1957).

Fudenberg D., and Levine D. K., "A Dual-self Model of Impulse Control," *American Economic Review* 96 (2006).

George M. Constantinides, "Habit Formation: A Resolution of the Equity Premium Puzzle," *Journal of Political Economy* 3 (1990).

Hall R. E., "Stochastic Implications of the Life Cycle-permanent Income Hypothesis: Theory and Evidence," *Journal of Political Economy* 86 (1978).

Harl E. Ryder, Jr., and Geoffrey M. Heal, "Optimal Growth with Intertemporally Dependent Preferences," *The Review of Economic Studies* 1 (1973).

John Shea, "Myopia, Liquidity Constraints, and Aggregate Consumption: A Simple Test," *Journal of Money, Credit and Banking* 3 (1995).

John T. Gourville, and Dilip Soman, "Payment Depreciation: The Behavioral Effects of Temporally Separating Payments from Consumption," *Journal of Consumer Research* 2 (1998).

John Y. Campbell, and N. Gregory Mankiw, "Permanent Income, Current Income, and Consumption," *Journal of Business & Economic Statistics* 3 (1990).

Joshua Aizenman, "Buffer Stocks and Precautionary Savings with Loss Aversion," *Journal of International Money and Finance* 17 (1998).

Kahneman D., and Tversky A., "Prospect Theory: An Analysis of Decision Under Risk," *Econometrica* 47 (1979).

Kahneman, Daniel, and Amos Tversky. "Choices, Values and Frames," *American Psychologist* 4 (1984).

Kahneman, Knetsch, and Thaler, "Experimental Tests of the Endowment Effect and the Coase Theorem," *Journal of Political Economy* 6 (1990).

Karen E. Dynan, "How Prudent are Consumers?" *Journal of Political Economy* 6 (1993).

Knetsch, Jack L., "The Endowment Effect and Evidence of Nonreversible Indifference Curves," *American Economic Review* 5 (1989).

Knetsch, Jack L., and J. A. Sinden, "Willingness to Pay and Compensation Demanded: Experimental Evidence of an Unexpected Disparity in

Measures of Value," *Quarterly Journal of Economics* 99 (1984).

Knez, Peter, Vernon Smith, and Arlington W. Williams, "Individual Rationality, Market Rationality, and Value Estimation," *American Economic Review* 75 (1985).

Kooreman P., "The Labeling Effect of a Child Benefit System," unpublished working paper, University of Groningen, 1997.

Kuznets S., *National Income, a Summary of Findings*, NBER working paper, 1946.

L. R. Klein, and H. Rubin, "A Constant Utility Index of Cost of Living," *The Review of Economic Studies* 2 (1947–1948).

Lei Sun, Loss Aversion in Prospect Theory, www.efmaefm.org, 2009.

Leland H. E., "Savings and Uncertainty: The Precautionary Demand for Saving," *Quarterly Journal of Economics* 82 (1968).

Matthew Rabin, and Richard H. Thaler, "Anomalies: Risk Aversion," *Journal of Economic Perspectives* 1 (2001).

Mendelson H., and Y. Amihud, "Optimal Consumption Policy Under Uncertain Income," *Management Science* 28 (1982).

Miles S. Kimball, "Precautionary Saving in the Small and in the Large," *Econometrica* 1 (1990).

Modigliani F., "Life Cycle, Individual Thrift, and the Wealth of Nations," *The American Economic Review* 3 (1986).

Musgrove, "Income Distribution and the Aggregate Consumption Function," *The Journal of Political Economy* 3 (1980).

Musgrove, Philip, "Income Distribution and the Aggregate Consumption Function," *Journal of Political Economy* 3 (1980).

O' Curry S., *Income Source Effects*, unpublished working paper, DePaul University, 1997.

Pollak R. A., "Habit Formation and Dynamic Demand Functions," *The Journal of Political Economy* 4 (1970).

Quiggin, John, "A Theory of Anticipated Utility," *Journal of Economic Behavior and Organization* 3 (1982).

Richard Stone, and W. M. Stone, "The Marginal Propensity to Consume and the Multiplier: A Statistical Investigation," *The Review of Economic Studies* 1 (1938).

Richard Stone, "Linear Expenditure Systems and Demand Analysis: An Application to the Pattern of British Demand," *The Economic Journal* 255(1954).

Richard Stone, and W. M. Stone, "The Marginal Propensity to Consume and the Multiplier: A Statistical Investigation," *The Review of Economic Studies* 1 (1938).

S. M. Sundaresan, "Intertemporally Dependent Preferences and the Volatility of Consumption and Wealth," *Review of Financial Studies* 1 (1989).

Samuelson P., "Risk and Uncertainty: A Fallacy of Large Numbers," *Scientia* 98 (1963).

Samuelson, William, and Richard Zeckhauser, "Status Quo Bias in Decision Making," *Journal of Risk and Uncertainty* 1 (1988).

Samwick A., "New Evidence on Pensions, Social Security, and the Timing of Retirement," *Journal of Public Economics* 70 (1998).

Sandmo A., "The Effect of Uncertainty on Saving Decisions," *Reviews of Economic Studies* 3 (1970).

Schmidt, and Zank, "What is Loss Aversion?" *The Journal of Risk and Uncertainty* 2 (2005).

Shea, John, "Instrument Relevance in Linear Models: A Simple Measure," *Review of Economics and Statistics* 2 (1997).

Shefrin H. M., and Thaler R. H., "The Behavioral Life-cycle Hypothesis," *Economy Inquiry* 26 (1988).

Shefrin H. M., and Thaler R. H., "The Behavioral Life-cycle Hypothesis," *Economy Inquiry* 4 (1988).

Shlomo Benartzi, and Richard H. Thaler, "Myopic Loss Aversion and the Equity Premium Puzzle," *The Quarterly Journal of Economics* 1 (1995).

Simon Kuznets, "Uses of National Income in Peace and War," *National Bureau of Economic Research*, Occasional Paper 6, 1942.

Skinner, "Risky Income, Life-cycle Consumption and Precautionary Savings," *Journal of Monetary Economics* 22 (1988).

Stocker T., "Simple Tests of Distributional Effects on Macroeconomic Equations," *Journal of Political Economy* 4 (1986).

Thaler R. H., "Mental Accounting and Consumer Choice," *Marketing Science* 3 (1985).

Thaler R. H., "Mental Accounting Matters," *Journal of Behavioral Decision Making* 12 (1999).

Thaler, and Richard H., and Hersh M. shefrin, "An Economic Theory of Self-Control," *Journal of Political Economy* 89 (1981).

Thaler Richard, "Toward a Positive Theory of Consumer Choice," *Journal of Economic Behavior and Organization* 1 (1980).

Tversky A., and Kahneman D., "The Framing of Decisions and the

Psychology of Choice," *Science* 211 (1981).

U. Schmidt, C. Starmer, R. Sugden, "Third-generation Prospect Theory," *Journal of Risk and Uncertainty* 36 (2008).

V. Kobberling, and P. P. Wakker, "An Index of Loss Aversion," *Journal of Economic Theory* 1 (2005).

Vito Tanzi, and Howell H. Zee, "Fiscal Policy and Long-run Growth," *Staff Papers*, International Monetary Fund, Vol. 44, No. 2, Jun., 1997.

William S. Neilson, "Comparative Risk Sensitivity with Reference-Dependent Preference," *The Journal of Risk and Uncertainty* 2 (2002).

Woytinsky W. S., "Relationship Between Consumers' Expenditures, Savings, and Disposable Income," *Review of Economic Statistics* 28 (1946).

Zeldes, and Stephen P., "Optimal Consumption with Stochastic Income: Deviations from Certainty Equivalence," *Quarterly Journal of Economics* 104 (1989).

〔美〕安格斯·迪顿:《理解消费》,胡景北、鲁昌译,上海财经大学出版社,2003。

〔美〕杜森贝利:《所得、储蓄与消费者行为之理论》,台湾银行经济研究室,1968。

〔美〕吉利斯等:《发展经济学》,中国人民大学出版社,1998。

〔美〕凯恩斯:《就业、利息和货币通论》,高鸿业译,商务印书馆,1999。

〔美〕熊彼特:《经济分析史》,朱泱等译,商务印书馆,1991。

艾春荣、汪伟:《习惯偏好下的中国居民消费的过度敏感性:基于

1995~2005 年省际动态面板数据的分析》,《数量经济技术经济研究》2008 年第 11 期。

白重恩、钱震杰:《国民收入的要素分配:统计数据背后的故事》,《经济研究》2009 年第 3 期。

藏旭恒、张继海:《收入差距对中国城镇居民消费需求影响的实证分析》,《经济理论与经济管理》2005 年第 6 期。

陈学彬、杨凌、方松:《货币政策效应的微观基础研究——我国居民消费储蓄行为的实证分析》,《复旦学报(社会科学版)》2005 年第 1 期。

杜海韬、邓翔:《流动性约束和不确定性状态下的预防性储蓄研究——中国城乡居民的消费特征分析》,《经济学(季刊)》2005 年第 2 期。

樊纲、王小鲁:《消费条件模型和各地区消费条件指数》,《经济研究》2004 年第 5 期。

范剑平、向书坚:《我国城乡人口二元社会结构对居民消费率的影响》,《管理世界》1999 年第 5 期。

方福前:《西方经济学新进展》,中国人民大学出版社,2006。

郭英彤、张屹山:《预防动机对居民储蓄的影响——应用平行数据模型的实证分析》,《数量经济技术经济研究》2004 年第 6 期。

杭斌、申春兰:《经济转型中消费与收入的长期均衡关系和短期动态关系——中国城镇居民消费行为的实证分析》,《管理世界》2004 年第 5 期。

杭斌:《习惯形成下的农户缓冲储备行为》,《经济研究》2009 年第 1 期。

贺京同、霍焰:《心理会计、公共福利保障与居民消费》,《财经研究》2007年第12期。

洪兴建：《一个新的基尼系数子群分解公式——兼论中国总体基尼系数的城乡分解》，《经济学（季刊）》2008年第1期。

胡日东、王卓：《收入分配差距、消费需求与转移支付的实证研究》，《数量经济技术经济研究》2002年第4期。

黄少安、孙涛：《非正规制度、消费模式和代际交叠模型》，《经济研究》2005年第4期。

金勇进：《我国居民消费率的研究》，《统计研究》1987年第6期。

孔东民：《前景理论、流动性约束与消费行为的不对称——以我国城镇居民为例》，《数量经济技术经济研究》2005年第4期。

李敬强、徐会奇：《收入来源与农村居民消费：基于面板数据的结论与启示》，《经济经纬》2009年第6期。

李军：《收入差距对消费需求影响的定量分析》，《数量经济技术经济研究》2003年第9期。

李凌、王翔：《中国城乡居民消费过度敏感性的理论分析和实证检验》，《经济科学》2009年第6期。

李实：《中国要在增长和分享之间寻求平衡》，《中国财经报》2007年8月28日。

李子奈：《计量经济学——方法和应用》，清华大学出版社，1992。

厉以宁：《中国宏观经济的实证分析》，北京大学出版社，1992。

刘建国：《我国农户消费倾向偏低的原因分析》，《经济研究》1999年第3期。

刘长庚、吕志华：《改革开放以来我国居民边际消费倾向的实证研究》，《消费经济》2005年第8期。

刘兆博、马树才：《基于微观面板数据的中国农民预防性储蓄研究》,《世界经济》2007 年第 2 期。

龙志和、王晓辉、孙艳:《中国城镇居民消费习惯形成实证分析》,《经济科学》2002 年第 6 期。

龙志和、周浩明:《中国城镇居民预防性储蓄实证研究》,《经济研究》2000 年第 11 期。

龙志和:《我国城镇居民消费行为研究》,《经济研究》1994 年第 4 期。

罗楚亮:《预防性动机与消费风险分散——农村居民消费行为的经验分析》,《中国农村经济》2006 年第 4 期。

骆祚炎、刘朝晖:《中国居民消费倾向变动及其影响因素的实证分析》,《消费经济》2005 年第 3 期。

吕恕、朱宏:《有异常值时配回归直线的简便处理》,《工科数学》1994 年第 1 期。

乔为国、孔欣欣:《中国居民收入差距对消费倾向变动趋势的影响》,《当代经济科学》2005 年第 5 期。

秦朵:《居民储蓄——准货币之主源》,《经济学(季刊)》2002 年第 2 期。

秦朵:《居民消费与收入关系的总量研究》,《经济研究》1990 年第 7 期。

施建淮、朱海婷:《中国城市居民预防性储蓄及预防性动机强度: 1999~2003》,《经济研究》2004 年第 10 期。

世界银行:《1997 年世界发展报告》,《2020 年的中国:新世纪的发展挑战》,中国财政经济出版社,1997。

宋铮:《中国居民储蓄行为研究》,《金融研究》1999 年第 6 期。

苏良军、何一峰、金赛男:《中国城乡居民消费与收入关系的面板数据协整研究》,《世界经济》2006年第5期。

孙凤、丁文斌:《中国消费者的头脑账户分析》,《统计研究》2005年第2期。

孙凤、杨凯棣:《消费者不确定性的测度——基于异方差的视角》,《数学的实践与认识》2009年第24期。

孙凤、易丹辉:《中国城镇居民收入消费的协整性及误差修正模式》,《统计研究》1999年第S1期。

孙凤:《预防性储蓄理论与中国居民消费行为》,《南开经济研究》2001年第1期。

孙凤:《中国居民的不确定性分析》,《南开经济研究》2002年第2期。

田岗:《不确定性、融资约束与我国农村高储蓄现象的实证分析》,《经济科学》2005年第1期。

田青:《我国城镇居民收入与消费关系的协整检验——基于不同收入阶层的实证分析》,《消费经济》2008年第3期。

万广华、史清华、唐素梅:《转型经济中农户储蓄行为:中国农村的实证研究》,《中国农业经济评论》2003年第2期。

王端:《下岗风险与消费需求》,《经济研究》2000年第2期。

王于渐:《中国消费函数的估计与阐释》,于景元等主编《中国经济改革与发展之研究》,商务印书馆,1990。

尉高师、雷明国:《求解中国消费之谜——熊彼特可能是对的》,《管理世界》2003年第3期。

吴晓明、吴栋:《我国城镇居民平均消费倾向与收入分配状况关系的实证研究》,《数量经济技术经济研究》2007年第5期。

吴易风、钱敏泽:《影响消费需求因素的实证分析》,《经济理论与经济管理》2004年第2期。

谢子远、王合军、杨义群：《农村居民消费倾向的变参数估计及其演化机理分析》，《数量经济技术经济研究》2007年第5期。

邢鹂、樊胜根、罗小朋、张晓波：《中国西部地区农村内部不平等状况研究——基于贵州住户调查数据的分析》，《经济学（季刊）》2008年第1期。

杨汝岱、朱诗娥：《公平与效率不可兼得吗？——基于居民边际消费倾向的研究》，《经济研究》2007年第12期。

杨天宇、朱诗娥：《我国居民收入水平与边际消费倾向之间"倒U"型关系研究》，《中国人民大学学报》2007年第3期。

杨天宇：《中国的收入分配与总消费——理论和实证研究》，中国经济出版社，2009。

叶海云：《试论流动性约束、短视行为与我国消费需求疲软的关系》，《经济研究》2000年第11期。

易行健、王俊海、易君健：《预防性储蓄动机强度的时序变化与地区差异》，《经济研究》2008年第2期。

余永定、李军：《中国居民消费函数的理论与验证》，《中国社会科学》2000年第1期。

袁志刚、朱国林：《消费理论中的收入分配与总消费——及对中国消费不振的分析》，《中国社会科学》2002年第2期。

臧旭恒：《中国消费函数分析》，上海三联书店、上海人民出版社，1994。

张德然：《统计数据中异常值的检验方法》，《统计研究》2003年第5期。

张继海、臧旭恒：《中国城镇居民收入和消费的协整分析》，《消费经济》2005 年第 2 期。

张平:《消费者行为的统计检验、制度解释和宏观效果分析》,《经济研究》1997 年第 2 期。

赵卫亚:《中国城镇居民消费函数的变系数 Panel Data 模型》,《数量经济技术经济研究》2003 年第 11 期。

郑必清:《论促进消费内生性增长》,《广东商学院学报》2006 年第 5 期。

周吉梅、舒元:《失业风险与城镇居民消费行为》,《中山大学学报(社会科学版)》2004 年第 3 期。

朱春燕、臧旭恒:《预防性储蓄理论——储蓄(消费)函数理论的新进展》,《经济研究》2001 年第 1 期。

朱国林、范建勇、严燕:《中国的消费不振与收入分配:理论和数据》,《经济研究》2002 年第 5 期。

后 记

本书是在我博士论文的基础上修改、完善而成的，由于在博士论文中涉及了不少人们对消费函数似是而非的传统认识，以至于论文的最终模型始终未能获得广泛的认可与讨论，而对于边际消费倾向的计算方法和数据要求、绝对收入消费函数的理论基础、是否存在边际消费倾向递减等问题，因为不涉及复杂的数学讨论，毕业后所写的试图厘清相关问题的文章，多数被以过于简单为由退稿，自己也逐渐丧失了以博士论文为基础进一步研究的信心。实际上，正是人们对上述系列问题的错误认识，才导致消费研究领域混乱局面的产生。因此，非常感谢河南大学经济学院有关领导和社会科学文献出版社陈帅老师为本书出版所付出的努力，希望能够借本书的出版，引起其他研究者对相关问题的重视和讨论。

我国对消费问题的研究始终以消费函数理论为主线，而在跟随导师贺京同教授研究消费问题的过程中，我常常感觉传统的消费函数理论无力解释我国居民消费不足的深层次原因。这一方面是因为中外制度环境、居民消费习惯、社会保障水平、文化传统等不同；另一方面是因为传统消费函数理论存在局限性，由于过于强调形式的美观和论证的严密，传统消费函数对研究基础给出了严格的前提假定，限定除收入外的其他一切因素都是固定不变的,这对美国、英国等制度成熟、稳定的国家来说勉强可以适用,而我国刚好处于制度变革时期,传统消费函数理论显然不能很好地解释中国的实际——困扰我国经济发展的重要问题之一是消费不足,居民收入在 GDP 中所占份额不断下降,居民消费倾向也不断降低,两者作用叠加,使得我国居民消费在 GDP 中所占份额剧烈下降。

在此,我要感谢贺老师的教诲和严格要求,正是跟随贺老师,才使我接触到了行为经济学的新思想,形成了对消费问题的观点和认识。时光匆匆,转眼已毕业近五年,因为家庭琐事,更因为自己的惰性,我对消费的研究几乎停滞。然而在新形势下,我看到了我国经济转型发展的希望,对国家和民族未来的信心也超过以前任何时期,这将为我继续进行相关领域的研究提供不竭的动力。

侯文杰

2015 年 3 月 8 日写于河南大学

图书在版编目(CIP)数据

内生消费、消费行为和消费增长：基于前景理论的分析/侯文杰著. —北京：社会科学文献出版社，2015.4
（河南大学经济学学术文库）

ISBN 978-7-5097-7165-5

Ⅰ.①内⋯　Ⅱ.①侯⋯　Ⅲ.①消费理论-研究　Ⅳ.①F014.5

中国版本图书馆CIP数据核字（2015）第037842号

·河南大学经济学学术文库·

内生消费、消费行为和消费增长
——基于前景理论的分析

著　　者 /	侯文杰
出 版 人 /	谢寿光
项目统筹 /	陈　帅
责任编辑 /	陈　帅　王　颉
出　　版 /	社会科学文献出版社·皮书出版分社（010）59367127 地址：北京市北三环中路甲29号院华龙大厦　邮编：100029 网址：www.ssap.com.cn
发　　行 /	市场营销中心（010）59367081　59367090 读者服务中心（010）59367028
印　　装 /	北京季蜂印刷有限公司
规　　格 /	开本：787mm×1092mm　1/16 印张：14　字数：180千字
版　　次 /	2015年4月第1版　2015年4月第1次印刷
书　　号 /	ISBN 978-7-5097-7165-5
定　　价 /	59.00元

本书如有破损、缺页、装订错误，请与本社读者服务中心联系更换

▲ 版权所有 翻印必究